Monika Neume

Igel in unserem Garten

Kosmos

Naturnahe Gärten sind ein Paradies für Tiere. Nicht nur Igel fühlen sich hier wohl.

Nur an flachen Teichufern können Tiere gefahrlos das Wasser erreichen.

Inhalt

Gereimtes und Ungereimtes
„PFUI! IHM SO VIELES ANZUDICHTEN!“ 4

Hunds- oder Schweinsigel? 4
Wovon sich Igel nicht ernähren 5
Geheimnisvolle Paarung 8
Grausame Sitten 8
Der Igel in der Literatur 8
Igel vom Nil bis zur Elbe 9

Wissenswertes über Igel
„BETRACHTEN WIR DEN IGEL NÄHER, ...“ 10

Ein Tier aus der Urzeit 10
Lebensraum und Gefährdung 12
Die natürlichen Feinde 14
Die Nahrung 14
Größe und Gewicht 15
Die Sinnesorgane 15
Das Gebiß 16
Lautäußerungen 16
Die Orientierung 17
Das Stachelkleid 17
Männchen oder Weibchen? 18
Die Fortpflanzung 18
Wie alt werden Igel? 20
Der Winterschlaf 21
Sommer- und Winternester 22

Der igelfreundliche Garten
„DEM BURSCHEN, DER IM GARTEN STREUNT, ...“ 24

Naturschutz beginnt im eigenen Garten 25
Wo sich Igel wohl fühlen 27

Natürliche Igel-Unterschlüpfe 30
Unterschlüpfe selber bauen 32
Wasser im Garten 35
Zufütterung im Garten 37
Gefahren und ihre Vermeidung 40

Pflege hilfsbedürftiger Igel
„GEREINIGT ERST VON FLOH UND LAUS, …" 42

Gesetzliche Regelungen 42
Welche Igel brauchen Hilfe? 43
Die Erstversorgung 45
Die richtige Unterbringung 48
Die Ernährung 49
Krankheiten 52
Aufzucht verwaister Igelsäuglinge 53
Der Winterschlaf 57
Die Auswilderung 58

Literatur 60
Adressen 60
Register 61

Extra

PFLEGEBERICHT 63

THERAPIEHINWEISE FÜR DEN TIERARZT 64

Igel – im Garten stets willkommen

Gereimtes und Ungereimtes

„Pfui! Ihm so vieles anzudichten!

... Ein Schweinigel ist er mitnichten", dichtet Eugen Roth, und er hat recht. Igel erregten schon immer die Aufmerksamkeit der Menschen. Auch allerlei Seltsames wird ihnen nachgesagt.

HUNDS- ODER SCHWEINSIGEL?

Bis auf den heutigen Tag glauben manche Gärtner, Jäger und Landwirte, unser einheimischer Igel existiere in zwei Arten: als „Hundsigel" mit stumpfer Schnauze und steiler Stirn sowie als „Schweinsigel" (oder „Swinegel") mit spitzer Schnauze und flacher Stirnpartie. Die ältere Literatur führt sogar noch einige weitere Unterscheidungsmerkmale an: „Sauigel" sollen größer sein als Hundsigel und auch wilder. Angeblich halten sie sich in den „Wildnüssen und Höltzern" auf, während die Hundsigel „bey den Häusern" wohnen. Trotz dieser unterschiedlichen, wenn auch jeweils richtigen Beobachtungen – es gibt größere und kleinere Igel sowie unterschiedliche Lebensräume – handelt es sich dennoch nur um eine einzige Igelart. Die Erklärung dafür ist einfach: Ein erschreckter Igel zieht den Kopf ein und stellt die Stirnstacheln auf. Dadurch wirkt der Kopf runder und kürzer. Wähnt sich derselbe Igel in Sicherheit, streckt er den Kopf langsam wieder heraus und legt seine Stacheln entspannt flach an den Körper. So verwandelt sich ein Hundsigel innerhalb von Minuten in einen Schweinsigel!

Mecki – Hörzu-Händlerwerbung aus den 50er Jahren

WOVON SICH IGEL NICHT ERNÄHREN

Die Mär vom obstfressenden Igel

Plinius der Ältere (geb. 24 n. Chr. in Como) berichtet in seiner „Naturgeschichte", daß sich Igel auf Fallobst wälzen und die Früchte auf den Stacheln in ihre Nester tragen. Spätere Autoren schmückten dieses Märchen weiter aus. Selbst heutzutage glauben noch manche daran. Dabei schreibt Herr von Buffon schon 1777 in seiner „Naturgeschichte der vierfüßigen Thiere": „Daß diese Thiere [...] sich ihrer Stacheln bedienen sollten, um Obst und Weintrauben damit wegzuschleppen, kann ich auf keine Weise glauben." Tatsache ist: Selbst wenn sich ein Igel auf dem Rükken rollen sollte, könnte er mit seinen Stacheln kein

Igel des Herrn von Buffon, 1777

Altar im St. Viktorsdom zu Xanten: Igel als Symbol für die Überwindung des Teufels

Altägyptischer Fayence-Igel, Mittleres Reich, um 1900 v. Chr. (Ägypt. Museum, Berlin)

Obst aufspießen, übrigens auch kein Laub - Igel tragen ihr Nistmaterial mit dem Maul ins Nest.
Igel sind keine Vegetarier. Sie „hamstern" auch keine Äpfel, Birnen, Weintrauben oder Zwetschgen. Statt dessen verschlafen sie den Winter und brauchen daher für die nahrungsarmen Monate keine Vorräte; ihre „Speisekammer" ist das Körperfett, das sie sich im Sommer und Herbst angefressen haben.

Igel als Fastenspeise
Im mittelalterlichen Spanien nahm man an, Igel ernährten sich nur von Kräutern und Wurzeln. Deshalb waren sie eine beliebte Fastenspeise. Welche Unlogik, wenn man bedenkt, daß Rinder, Schafe und Ziegen tatsächlich von pflanzlicher Kost leben, ihr Fleisch zu essen jedoch in der Fastenzeit verboten war!

„Der Igel als Eierhamster"
So ist ein Artikel überschrieben, der im Jahr 1965 in einer wissenschaftlichen Zeitschrift erschien. Darin wird allen Ernstes von einem Igel berichtet, der sich ein „Eierlager" angelegt haben soll, in dem man 27 unversehrte Eier neben einigen wenigen zerbrochenen fand.
Angeblich schlürfen Igel leidenschaftlich gern und „höchst pfiffig" Hühner- und Taubeneier aus. Igel können aber ihren Mund gar nicht weit genug öffnen, um Eier dieser Größe mit den Zähnen zu packen und zu zerknacken oder gar wegzutragen.

Jägerlatein
Jäger hielten und halten oftmals noch heute die Igel für Jagdschädlinge. So stehen Igel z.B. in der Slowakei unter Schutz - mit Ausnahme der Fasanerien! Sie plündern angeblich Rebhuhngelege, fressen Entenküken, Tauben, ja sogar Kaninchen. Tatsächlich wurde mir aus zuverlässiger Quelle berichtet, daß sich ein Igel in das Bein eines Zwerghuhns verbissen habe. Daß er solche Beute aber auffrißt, dafür hat die moderne Wissenschaft bisher keinerlei Anhaltspunkte gefunden. Richtig ist allerdings, daß Igel gelegentlich Aas fressen. Fälschlicherweise nahm man wohl an, sie hätten das Tier selbst erlegt. Dabei vertilgen sie nur die Reste anderer Beutegreifer. Trifft ein Igel aber zufällig auf ein Rebhuhngelege und zerbricht ein Ei, wird er dessen Inhalt sicher nicht verschmähen.
„Jägerlatein" dürfte auch die Geschichte vom Fuchs sein, der den Igel umdreht, mit seinem Urin bespritzt oder ins Wasser kullert, damit er sich auseinanderrollt und gefressen werden kann.

Hase und Igel: So spielt sich der berühmte Wettlauf heutzutage ab!

Auf der falschen Fährte: Igel fressen keine Äpfel!

Igel als Mäusejäger und Schlangenbezwinger

In einer Zeitungsnotiz war zu lesen, daß Ärzte eines rumänischen Krankenhauses in von Ratten heimgesuchten Lagerräumen testen wollten, welche Tiere die meisten Nager erledigen würden – Katzen oder Igel. Die Legende vom mäuse- und rattenjagenden Stacheltier ist also immer noch nicht ausgerottet! Diesen Tieren ist der Igel an Schnelligkeit jedoch weit unterlegen. Es mag allenfalls vorkommen, daß ein Igel auf ein Mäusenest mit blinden Jungen trifft und dann das eine oder andere verspeist. Zäh hält sich auch die Meinung, Schlangen gehörten zum Nahrungsspektrum unserer stacheligen Zeitgenossen. Zu einer Begegnung zwischen Igel und Schlange kommt es aber in der Natur schon deshalb selten, weil Igel nacht-, Schlangen dagegen tagaktiv sind.
In einem „Experiment" setzte man einen Igel und eine Schlange zusammen in einen Käfig und provozierte dadurch einen Kampf, denn kein Tier konnte dem anderen ausweichen. Als die Schlange durch wiederholte Bisse in die Igelstacheln ihr Gift verspritzt hatte, gelang es dem Igel, sie zu töten. Beißt eine Schlange dagegen in eine ungeschützte Stelle des Igelkörpers, schwillt diese stark an. Das kann zum Tod des Igels führen. Tatsächlich vertragen Igel relativ hohe Dosen von Schlangengift.

Wilhelm Busch: Schlauer Fuchs überlistet Igel.

Die Kuh als Milchbar
Man unterstellte dem Igel sogar, er schleiche sich an ruhende Kühe heran und sauge ihnen die Milch aus dem Euter. Aber auch dieser Mundraub scheitert am zu kleinen Maul des Igels. Er könnte eine Zitze gar nicht umfassen.

ACHTUNG: Igel mögen Kuhmilch zwar, sie bekommt ihnen aber nicht. Schuld daran ist der Milchzucker (Lactose), den Igel nicht verdauen können. Die Folge: schwere Durchfälle.

GEHEIMNISVOLLE PAARUNG

Noch ein Zitat aus Herrn von Buffons „Naturgeschichte“: „Eben die Waffen also, welche ihnen zur Vertheidigung gegen ihre Feinde so wohl zu statten kommen, werden ihnen doch bei der Begattung höchst beschwerlich. Sie müssen mit ihrem ganzen Körper, entweder aufrecht oder liegend, gegen einander gekehret seyn.“ Seit Aristoteles teilte man diese Auffassung. Erst 1948 sah ein Herr Stieve bei der Paarung zweier Igel genau hin und stellte fest, daß sie so vor sich geht wie bei allen anderen Säugetieren auch.

GRAUSAME SITTEN

Früher, als sich nur wenige Leute einen Sonntagsbraten leisten konnten und dem einfachen Mann die Jagd verboten war, aß vor allem der ärmere Teil der Bevölkerung Igel. Man briet sie am Spieß oder hüllte sie in Lehm ein und garte sie im Feuer.
Die alten Römer verwendeten die stacheligen Häute der Igel dazu, ihre Wollwaren aufzurauhen.
Auch als Arznei mußten Igel herhalten. Entweder verbrannte man den ganzen Igel zu Asche, oder man vermischte Leber, Milz, Galle, die Magenhaut, das Igelfett, das getrocknete Blut, ja sogar den Kot mit Honig, Essig, Harz oder Pech und stellte daraus Medikamente gegen Warzen, Haarausfall, Bleichsucht, Gicht und viele andere Leiden her.

DER IGEL IN DER LITERATUR

In der Literatur begegnet uns der Igel fast immer als sympathisches und schlaues Tier. Am bekanntesten ist die Fabel vom Wettlauf zwischen dem Hasen und dem Igel auf einer Heide bei Buxtehude. Es war Wilhelm Schröder, der das bis dahin nur mündlich überlieferte Volksmärchen am 26. April

1840 veröffentlichte, also noch vor den Gebrüdern Grimm oder Ludwig Bechstein, die im allgemeinen als Urheber gelten. Die Thematik ist jedoch viel älter. Aus mykenischer Zeit ist eine Vase erhalten, die den Igel im Wettlauf mit dem Hasen zeigt.
Bechstein und die Gebrüder Grimm schrieben ein weiteres Igelmärchen, „Hans mein Igel“, nieder. Darin wird die Hilfsbereitschaft des Igels mit seiner Verwandlung in einen Menschen belohnt.
In einem Werk des Fabeldichters Jean de la Fontaine erweist sich der Igel als besonders mitfühlend: Er eilt einem von Schnaken geplagten Fuchs zu Hilfe.
In England erlangte der Igel durch das erstmals 1905 erschienene Märchen von Beatrix Potter „The Tale of Mrs. Tiggy-Winkle“ allgemeine Beliebtheit. Nach ihr wurde das Wildtier- und Igelhospital von Sue und Les Stocker in Aylesbury benannt.
Wilhelm Busch schrieb das bekannte Igelgedicht „Bewaffneter Friede“. Hier rühmt der Autor die defensive Taktik des listigen Igels. Weniger bekannt ist dagegen die Bildergeschichte „Der unverschämte Igel“ von Busch. Der Igel benützt seine Stacheln, um einen Hasen aus seinem Nest zu vertreiben. Zur Strafe bespritzt ihn der Fuchs mit Harn. Der Igel rollt sich auseinander und wird gefressen. Dankbar kehrt der Hase in sein Quartier zurück. Ein Gedicht über den Igel – „Insektenfresser“ – schrieb auch Eugen Roth. Ihm sind die Hauptüberschriften der Kapitel in diesem Buch entnommen. Hans Eisler vertonte ein Liebesgedicht von Kurt Tucholsky an Anna Luise, betitelt „Wenn die Igel in der Abendstunde (still nach ihren Mäusen gehn)“. Und von Christian Morgenstern stammt die gereimte Igel-Liebestragödie „Igel und Agel“.

IGEL VOM NIL BIS ZUR ELBE

Igeldarstellungen sind schon aus dem alten Ägypten erhalten. An den Kathedralen von Amiens und Xanten finden sich Igelreliefs.
Der populärste Igel ist wohl „Mecki“, das seelenvolle und biedere Maskottchen der Hamburger Zeitschrift „Hörzu“. Sein Vorbild agierte schon in den 30er Jahren in einem Trickfilm der Gebrüder Diehl. „Mecki“ war eigentlich der Spitzname des Journalisten Hans Mecklenburg. Dieser Name gefiel dem damaligen Hörzu-Chefredakteur so gut, daß er das Maskottchen seiner Zeitschrift genauso nannte!

Die gutmütige Waschfrau: Mrs. Tiggy-Winkle

Igelbabys – das ganze Leben liegt noch vor ihnen.

Uhu – Feind des Igels

Wissenswertes über Igel

„Betrachten wir den Igel näher,

... ist er ein guter Europäer" – so dichtet Eugen Roth. Verwandte unseres Igels leben zwar auch auf anderen Kontinenten mit Ausnahme von Amerika und der Antarktis; in diesem Buch beschränken wir uns jedoch auf den einheimischen Braunbrustigel (Erinaceus europaeus).

EIN TIER AUS DER URZEIT

Igel gehören entwicklungsgeschichtlich zu den ältesten noch existierenden Säugetierarten. In der Grube Messel bei Darmstadt fand man ein igelartiges Säugetier, das Stacheln trug. Sein Alter wird auf 50 Millionen Jahre geschätzt. Dieses insektenfressende Tier konnte sich allerdings nicht einrollen wie die heutigen Igel. Vor Feinden flüchtete es dank seiner langen Hinterbeine im Sprunggalopp. In ihrer jetzigen Form lebten unsere Igel bereits vor etwa 15 Millionen Jahren.

Ein guter Lebensraum: kleinräumig und abwechslungsreich gegliederte Landschaft

Igel unterwegs: immer gut orientiert

Igelfeindlich: Monokultur

LEBENSRAUM UND GEFÄHRDUNG

Für Igel attraktive Lebensräume weisen prinzipiell unterschiedliche Strukturen auf. Ein abwechslungsreicher Bewuchs aus Hecken, Gebüsch, Bodendeckern, verfilztem Altgras und kleinen Gehölzen, unterbrochen von kurz gehaltenen Wiesenflächen, bietet Unterschlüpfe und Nistgelegenheiten, aber auch ein vielfältiges Nahrungsangebot. Igel leben deshalb heutzutage hauptsächlich im durchgrünten Randbereich der Städte und Dörfer. Selbst auf den oft kleinen „grünen Inseln" inmitten von Großstädten sind sie anzutreffen. Die Gebiete, in denen Igel während einer Aktivitätsperiode - vom Frühjahr bis zum Spätherbst - umherwandern, sind erstaunlich groß: So betragen die Aktionsräume der Männchen in ländlichen Gebieten oft mehr als 100 Hektar, die der Weibchen sind mit einer Fläche von bis zu 30 Hektar wesentlich kleiner. Nicht nur das Nahrungsangebot spielt beim Flächenanspruch eine Rolle, für die Igel-Männchen ist die Verteilung der Weibchen ausschlaggebend. Igel sind Einzelgänger, dennoch verteidigen sie ihr Gebiet nicht gegen Artgenossen.

Der Igel als Kulturfolger

Die Chance, im eigenen Garten einen Igel zu beobachten, ist heutzutage besser als noch vor 30 oder 40 Jahren. Der Grund dafür liegt aber keineswegs in einer Vergrößerung des Bestands. Igel sind Kulturfolger geworden, weil ihr ursprünglicher Lebensraum - die mit mannigfaltiger Vegetation bewachsene Feldflur und ihre Saumbiotope - durch menschliche Eingriffe zerstört wurde.
Die Igel haben sich diesen für sie so ungünstigen Verhältnissen weitgehend da-

Rekonstruktion des Urzeitigels *Macrocranion tenerum:* Er bewegte sich hüpfend vorwärts.

Massenproduktion vernichtet Lebensräume.

Agrarwüste: trauriges Resultat der Flurbereinigung

Tödliche Begegnung: In Deutschland kommen pro Jahr rund 500 000 Igel unter die Räder.

durch angepaßt, daß sie die menschlichen Siedlungen und deren unmittelbare Umgebung als Lebensraum nutzen.

Bedrohung durch den Menschen

In sechs der insgesamt 16 deutschen Bundesländer ist der Igel bereits als gefährdete Tierart eingestuft. Bisher gibt es aber keine flächendeckende Bestandsaufnahme der Igelpopulationen in Deutschland. Die 1994 neu erschienene „Rote Liste der gefährdeten Wirbeltiere in Deutschland" schätzt die Lage des Braunbrustigels so ein: „Langfristig können Habitatzerschneidungen sowie anthropogen verursachte Nahrungsverknappung (Biozideinflüsse) zur Bestandsgefährdung führen."
Diese allgemein gehaltenen Aussagen haben schon ganz konkrete Formen angenommen. Die „Verinselung" der Lebensräume zeigt sich dem Beobachter vom Flugzeug aus besonders deutlich: hier ein kleines Dorf mit üppigem Baum- und Buschbestand, daneben Ackerflächen, so weit das Auge reicht, ohne die geringste Deckung für Tiere, dann wieder eine Kleinstadt mit vielgestaltigem grünem Bewuchs.
Der oft geradezu verschwenderische Einsatz von Kunstdüngern und Insektiziden verstärkt noch den Isolierungseffekt, den landwirtschaftliche Monokulturen ohnehin mit sich bringen.

Durch Verinselung sind Igelpopulationen isoliert.

Auch Rotfuchs (links) und Dachs (rechts) sind natürliche Feinde des Igels.

Wo es nichts zu fressen gibt, kann kein Tier leben. Auch breite und stark befahrene Verkehrswege sind fast unüberwindbare Begrenzungen der verbleibenden Lebensräume. Auf Deutschlands Straßen werden Jahr für Jahr - einer seriösen Hochrechnung zufolge - etwa eine halbe Million Igel überfahren. In diese Zahl nicht eingerechnet sind die vielen noch unselbständigen Jungtiere, die ohne Mutter sterben müssen.
Sind Igelvölker erst einmal voneinander isoliert, können Seuchen, aber auch Inzucht und in deren Folge Genveränderungen irgendwann zum abrupten Erlöschen der Population führen.

DIE NATÜRLICHEN FEINDE

Igel stehen auf dem Speiseplan von Dachsen und Uhus, die sie mit ihren kräftigen Krallen ohne Schwierigkeiten erlegen können. Füchse, Marder, Iltisse und Wildschweine erbeuten eher junge oder kranke Igel. Hunde können auch erwachsene Igel schwer verletzen oder gar töten. Katzen vergreifen sich im allgemeinen nicht an ihnen. Von der Mutter alleingelassene Igelsäuglinge sind aber schon von Katzen - vermutlich im Spiel - verletzt worden.
Die Verluste durch natürliche Feinde gefährden die Igel jedoch nicht in ihrem Bestand.

DIE NAHRUNG

Die Hauptnahrung der Igel sind Laufkäfer und deren Larven, Larven von Nachtschmetterlingen, Regenwürmer und Ohrwürmer. Außerdem fressen sie Hundert- und Tausendfüßer, Nackt- und Gehäuseschnecken sowie deren Eier, Schnakenlarven, Asseln, Ameisen, Spinnen, ja sogar hin und wieder Bienen und

Wespen. Gelegentlich lassen sie sich auch Aas schmecken.
In den Mägen und Darmtrakten überfahrener Igel fand man auch pflanzliche Nahrungsreste. Es handelte sich dabei um Gräser, Fichtennadeln, die Früchte von Birken und ähnliches. Man nimmt an, daß Igel diese Stoffe nur versehentlich mit dem Lebendfutter aufnehmen. Sie dienen nicht der eigentlichen Ernährung.

GRÖSSE UND GEWICHT

Igelbabys kommen mit einem Gewicht von 12-25 g auf die Welt. Bei der Geburt sind sie ungefähr 6 cm lang. Ausgewachsene Igel erreichen eine Länge von 24-30 cm und ein Gewicht von 800-1500 g. Man fand aber auch schon Alttiere mit noch höherem Gewicht. Im allgemeinen sind die Männchen größer und schwerer als die Weibchen.

DIE SINNESORGANE

Die Nase
Nahrung und Artgenossen spüren Igel mit ihrem hervorragenden Geruchssinn auf. Bei einem aktiven, gesunden Igel ist die Nase immer feucht. Schnuppert er etwas Neues und Interessantes, tropft sie sogar.

Die Ohren
Auch das Gehör des Igels ist sehr gut ausgebildet. Er kann Geräuschfrequenzen bis weit in den Ultraschallbereich hinein (also über 20 000 Hertz) hören. Schlüsselklappern oder das Anknipsen eines Lichtschalters lassen ihn heftig zusammenzucken. Die sensiblen Igelohren spielen bei der Nahrungssuche ebenfalls eine wichtige Rolle.

Die Augen
Schwach ausgeprägt ist dagegen der Gesichtssinn der Igel. Da sie Nachttiere sind, ist die Sehfähigkeit für sie von untergeordneter Bedeutung. Es gibt Berichte von einäugigen und sogar blinden Igeln, die sich in ihrer Umgebung gut zurechtfanden, Junge führten und lange gelebt haben.

Der Geschmackssinn
Igel wissen durchaus verschiedene Geschmacksrichtungen zu unterscheiden. Bei Freßversuchen stellte sich z.B. heraus, daß Jungigel häufiger Asseln fressen als erwachsene Igel. Letztere haben mehr Erfahrung in der Jagd, sind geschickter und schneller. So lassen sie Asseln, die zwar leicht zu erbeuten sind, aber unangenehm schmecken, „links liegen" und suchen lieber wohlschmeckende Käfer.

Der Tastsinn
Wie viele andere Tiere tragen auch Igel lange Barthaare. Fast ebenso empfindlich auf Berührungen reagiert der seitliche Haarsaum.
Igel haben auch einen „Vibrationssinn", besitzen also die Fähigkeit, Bodenerschütterungen, verursacht

Junguhu mit Igel als Beute

Regenwürmer sind eine Hauptnahrung der Igel.

Selbstbespeicheln mit abenteuerlichen Verrenkungen

Igel können sich zwar über Wasser halten, sind aber keine ausdauernden Schwimmer.

durch Beutetiere, Feinde oder auch Autoverkehr, wahrzunehmen.

Das Selbstbespeicheln
Unbekannte Stoffe oder neue Gerüche prüft der Igel mit dem sogenannten „Jacobsonschen Organ“, das auch bei Schlangen und Eidechsen besonders gut entwickelt ist. Es ist ein zusätzliches Sinnesorgan, das zwischen Rachen- und Nasenhöhle sitzt. Spezielle Zellen untersuchen Atemluft und Speichel auf neue Geruchs- und Geschmackseindrücke. Zunächst bekaut oder beriecht der Igel den fremden Stoff intensiv, dann entwickelt er große Mengen schaumigen Speichels. Wenn er die Sinneseindrücke verarbeitet hat, spuckt er den Speichel unter den sonderbarsten Verrenkungen auf seinen Rücken. Nun ist das Organ wieder gereinigt und steht für den nächsten Test bereit.

HINWEIS: Das Selbstbespeicheln wurde leider schon manches Mal mit Tollwut verwechselt. Diese gefährliche Krankheit befällt jedoch gerade Igel extrem selten.

DAS GEBISS

Bei Igelsäuglingen brechen im Alter von etwa drei Wochen die Milchzähnchen durch. Sie werden mit zwei bis drei Monaten durch die bleibenden Zähne ersetzt. Im Oberkiefer eines erwachsenen Tieres befinden sich 20, im Unterkiefer 16 Zähne. Ältere Igel haben oft Probleme mit ihrem Gebiß, z.B. Zahnstein, entzündetes Zahnfleisch und lockere Zähne.

LAUTÄUSSERUNGEN

Bei Gefahr fauchen, puffen oder tuckern Igel ähnlich wie eine kleine Lokomotive. Besonders laut sind diese Geräusche aber auch beim Paarungsspiel der Igel.
Die durchdringenden Schmerzens- oder Angstschreie klingen wie das Kreischen einer Eisensäge.
Welche Bedeutung hingegen das selten zu hörende helle Keckern hat, ist bisher nicht beschrieben.
Igelsäuglinge zwitschern ähnlich wie Vögel, wenn sie Hunger haben oder die Mutter suchen.

DIE ORIENTIERUNG

Bemerkenswert ist das gute Orientierungsvermögen der Igel. Neue Beobachtungen gehen davon aus, daß sich Igel im Laufe ihres Lebens eine Art „mentale Landkarte“ anlegen. Sie prägen sich Durchschlüpfe oder Hindernisse ein, benutzen oft dieselben „Straßen“ und steuern ihre Tagesschlafnester zwar auf verschiedenen Wegen, aber zielsicher an.
Auch künstliche Futterstellen beziehen sie in die Routenwahl mit ein. Gerne wandern sie auf Feld-, Gehwegen oder Fahrspuren.

Igel-Aufnahmen bei Tageslicht sind meist gestellt!

DAS STACHELKLEID

Der Igel unterscheidet sich durch sein Stachelkleid von allen anderen einheimischen Tieren. Es ist ein sehr wirkungsvolles Verteidigungssystem: Fühlt sich ein Igel bedroht, rollt er sich blitzartig zu einer Kugel ein und schützt damit seine verwundbaren Körperteile, nämlich Kopf, Bauch und Beine, die nur mit mehr oder weniger spärlichem Fell besetzt sind.
Ein zusammengerollter Igel kann sogar eine Mauer hinabfallen, ohne sich zu verletzen. Die Stacheln federn den Sturz ab.
Im Zweikampf stellen Igel die Kopfstacheln auf, ziehen sie wie eine Kapuze in die Stirn und „boxen“ so gegeneinander.
Bei der Geburt besitzt ein Igeljunges etwa 100, im Alter von drei Wochen schon etwa 2000 Stacheln. Ein ausgewachsener Igel ist mit 6000–8000 Stacheln bewehrt.

Stacheln: umgebildete Haare

MÄNNCHEN ODER WEIBCHEN?

Igelmännchen und -weibchen lassen sich nur durch die verschiedene Anordnung und Form ihrer Geschlechtsorgane sicher unterscheiden. Die Penisöffnung der Männchen liegt als knopfförmiges, hautiges Gebilde in der Mitte der hinteren Körperhälfte, etwa da, wo man den Nabel vermuten würde. Die Hoden sind äußerlich nicht zu erkennen. Die Scheide der Weibchen befindet sich unmittelbar vor dem After.

TIP: Wichtig ist die Geschlechtsbestimmung bei erwachsenen, hilfsbedürftigen Igeln in den Sommermonaten: Es könnte sich um ein säugendes Weibchen handeln, dessen Junge ohne Mutter sterben müssen!

DIE FORTPFLANZUNG

Igel paaren sich je nach geografischer Lage und Klima in den Monaten Mai bis September. In der Dresdener Gegend liegt z.B. die Hauptpaarungszeit in den ersten Augusttagen, im Bodenseegebiet hingegen etwa einen Monat früher. Auf der Suche nach einer Partnerin legt ein männlicher Igel große Strecken zurück und nimmt sich kaum Zeit, um nach Nahrung zu stöbern. Hat er ein Weibchen ausfindig gemacht, umwirbt er es, indem er es immer wieder umkreist. Diese Paarungszeremonie, man nennt sie das „Igelkarussell", zieht sich oft über Stunden hin. Die Auserwählte ziert sich zunächst und „boxt" den Freier mit dem Kopf fort. Droht ein männlicher Rivale dazwischenzufunken, muß das Männchen ihn nach Möglichkeit vertreiben. Nicht selten nützt das Weibchen die Gelegenheit, um sich aus dem Staub zu machen.

Igelweibchen (links) und Igelmännchen (rechts) sind nur durch die Anordnung ihrer Geschlechtsorgane zu unterscheiden.

Paarung

Das Männchen besteigt seine Partnerin von hinten. Dabei legt diese die Stacheln an und drückt ihren Leib flach an den Boden. Danach trennen sich die Igel schnell wieder, und jeder geht seiner eigenen Wege. Eine „Ehe" wie bei vielen anderen Tieren gibt es bei Igeln also nicht. Daß der zukünftige Igelvater das Weibchen „verläßt", hat nichts mit Untreue zu tun: Der Igelmann scheidet dadurch als Nahrungskonkurrent aus.

Sechs Wochen lang säugt die Igelin ihre Jungen. Meist sind es vier bis sieben an der Zahl.

Geburt und Jungenaufzucht

Die werdende Igelmutter baut ein großes, sorgfältig ausgepolstertes Nest, in dem sie nach einer Tragzeit von ungefähr 35 Tagen meist zwischen vier und sieben Junge zur Welt bringt. Nach der Anzahl der Zitzen wäre das Weibchen theoretisch in der Lage, zehn Junge zu säugen.

Bei der Geburt sind die Stacheln der Igelsäuglinge in die rosarote, aufgequollene Rückenhaut eingebettet, so daß sie den Geburtsgang der Mutter nicht verletzen. Die Jungen kommen mit geschlossenen Augen und Ohren zur Welt; sie öffnen sich zwischen dem 14. und 18. Lebenstag. Etwa vom 24. Tag an verlassen die Kleinen das Nest zu kurzen Ausflügen, bei denen sie versuchen, selbst Nahrung zu finden. Die Mutter zeigt ihnen weder, welche Beutetiere genießbar sind, noch hilft sie ihnen bei der Jagd. Die Jungigel müssen ihre eigenen Erfahrungen sammeln! Natürlich erbeuten die Kleinen anfangs noch nicht genug, um ihren Hunger zu stillen. Deshalb säugt die Mutter sie noch bis zur 6. Lebenswoche. So, wie die Menge der von den Jungigeln selbsterworbenen Beute steigt, nimmt die Menge der Muttermilch stetig ab. Von der Paarung bis zur Selbständigkeit der Jungen verstreichen fast drei Monate. Daher kann im allgemeinen nur ein Wurf pro Aktivitätsperiode aufgezogen werden. Zwei Würfe sind jedoch in sehr warmen Ge-

Diese Igelchen sind erst wenige Tage alt.

Jungigel: Bald beginnt der Ernst des Lebens!

ALTERSSTRUKTUR EINER IGELPOPULATION

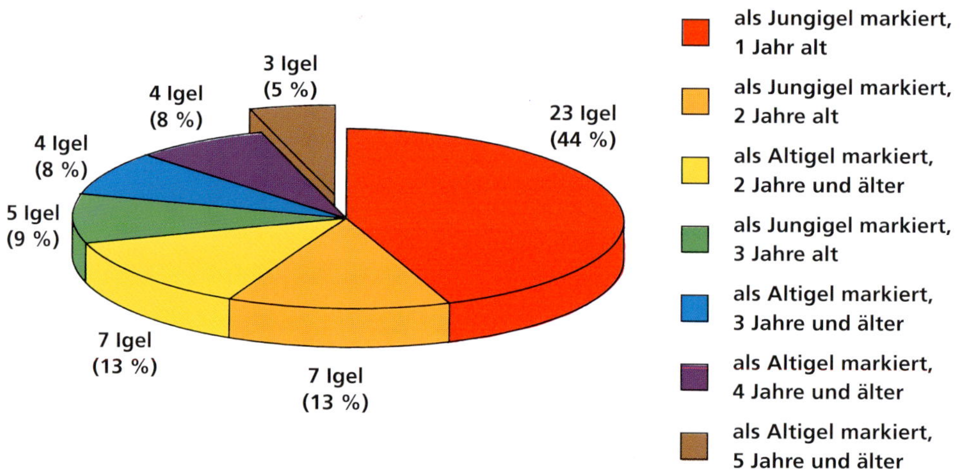

An einer Futterstelle wurden vier Jahre lang (von 1984 bis 1987) freilebende sowie in menschlicher Obhut überwinterte Igel markiert. Im Jahr 1988 konnten insgesamt 53 dieser Igel wiedergefunden werden (nach Neuschulz/Schubert).

genden, vielleicht auch beim Verlust des ersten Wurfs, durchaus möglich.

Igelmutter mit Jungen auf der Pirsch

WIE ALT WERDEN IGEL?

Das Alter eines erwachsenen Igels läßt sich nur am toten Tier eindeutig feststellen. Dazu müssen die Wachstumslinien am Kieferknochen des Igels untersucht werden: Während der aktiven Zeit im Sommer wächst der Knochen, im Winterschlaf stagniert das Wachstum.
Die höchste Sterblichkeit ist im ersten Lebensjahr zu verzeichnen. Sie wird von verschiedenen Autoren mit 60–80 % angegeben.
Die Jungigel, die in menschlicher Obhut überwinterten und ihren zweiten Winter in Freiheit überleben, haben eine 70 %ige Chance, auch drei bis vier Jahre alt zu werden.
Um ein Bild von der Altersstruktur einer Igelpopulation zu bekommen, markierte ein Dresdener Igelforscher mehrere Jahre lang sowohl in häuslicher Obhut gepflegte Jungigel als auch Wildigel (siehe oben). Einer der 1988 mindestens fünfjährigen Igel konnte noch bis zum Jahr 1990 beobachtet werden, erreichte also ein Alter von mindestens sieben Jahren – bei Igeln eine Seltenheit!

DER WINTERSCHLAF

Je nach Region und Klima wird das Nahrungsangebot für die Igel bereits ab Ende September, spätestens aber ab Ende Oktober knapp. Die nahrungsarme Zeit dauert mindestens bis Ende März, oft auch bis Ende April. Um diese „Durststrecke" zu überbrücken, halten Igel einen Winterschlaf. Der Nahrungsmangel allein bewirkt aber noch keine Winterschlafbereitschaft. Viele weitere Faktoren spielen eine Rolle: der Temperaturrückgang im Spätherbst, die Abnahme der Tageslänge und Veränderungen des Luftdrucks. Ein dickes Fettpolster sowie Änderungen im Hormonhaushalt – etwa des Insulinspiegels – sind ebenfalls als Auslöser bekannt. Nicht zuletzt besitzen Igel auch eine „innere Uhr". Das zeigt sich deutlich bei Igeln in Gefangenschaft. Oft läßt sich beobachten, daß sie trotz konstant hoher Raumtemperatur und reichlichem Futterangebot Nistmaterial sammeln, den Eingang ihrer Schlafhäuser zustopfen und zu schlafen beginnen.
Einige Tage vor Winterschlafbeginn fressen Igel nur noch wenig oder nichts. Denn wenn der Igel einschläft, kann er keinen Kot mehr abgeben; der Darminhalt würde faulen oder gären.

Alles läuft auf „Sparflamme"
Während des Winterschlafs sinkt die Körpertemperatur des Igels von etwa 35 °C bis fast auf die Umgebungstemperatur ab, fällt aber niemals auf Werte unterhalb von 4–5 °C. Der gesamte Stoffwechsel arbeitet auf „Sparflamme". Das Igelherz schlägt nur noch 8–9mal pro Minute (im Wachzustand sind es 170–200 Schläge in der Minute), und die Atemfrequenz verringert sich von 40–50 Atemzügen auf 3–4 pro Minute. Die Atmung kann sogar hin und wieder bis zu zwei Minuten aussetzen.
Je stärker der Igel seine körperlichen Funktionen dros-

Das Igeljahr: Je nach Region und Klima variieren die Aktivitätsperioden geringfügig.

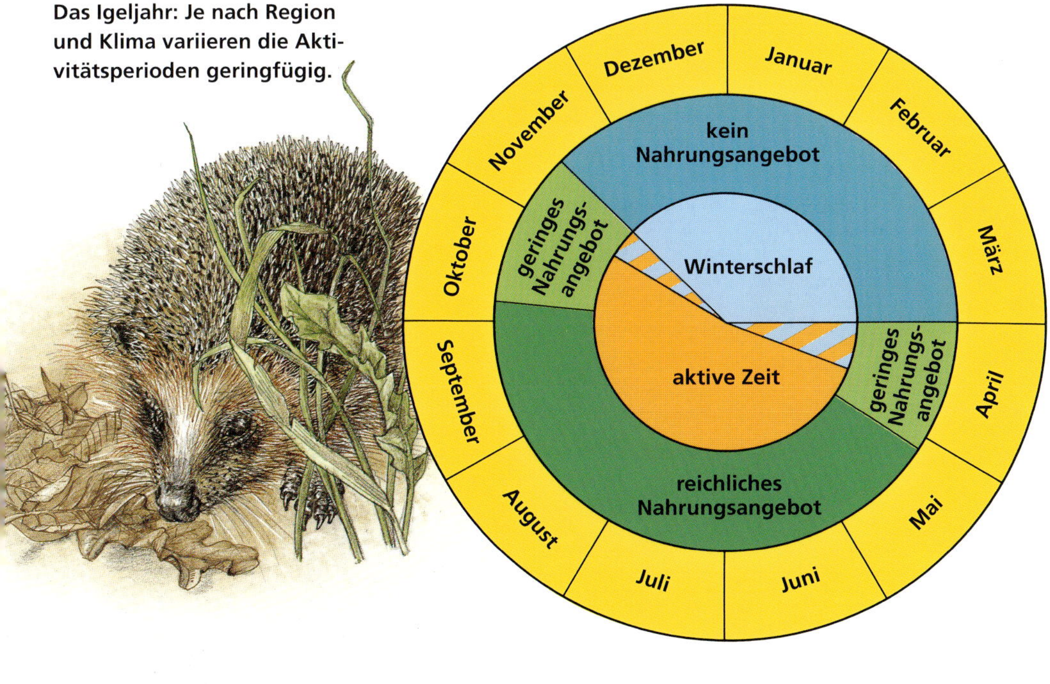

Ein Igel trägt Laub in sein Winterschlafnest.

Zum Winterschlaf rollt sich der Igel zusammen.

selt, desto weniger Energie verbraucht er.
Das ist der Grund dafür, daß Igel, die in menschlicher Obhut in zu warmen Räumen überwintern, rapide an Gewicht verlieren.
Die Fettreserven, die sich Igel im Sommer und Herbst anfressen, unterteilt man in zwei Kategorien: Das weiße Fett dient der Energieversorgung während des Winterschlafs, das braune Fett wird für den Aufwachvorgang im Frühjahr benötigt.
Droht die Körpertemperatur des schlafenden Igels unter 4 °C abzusinken, mobilisiert er das schnell energiespendende braune Fett, wacht auf und entrinnt so dem Tod durch Erfrieren.
Mehrmalige Unterbrechungen des Winterschlafs zehren jedoch so stark an den Energiereserven, daß schwache oder junge Igel oft nicht mehr aus dem Winterschlaf erwachen.
Je nachdem, wie lange der Winterschlaf dauert und wieviel Fett in den Wintermonaten verbraucht wurde, verliert der Igel in dieser Zeit 15–40 % seines Körpergewichts. Man kann sich den „Bärenhunger" vorstellen, mit dem die Tiere im Frühjahr wieder erwachen!

SOMMER- UND WINTERNESTER

Während der warmen Jahreszeit schlafen die Igel tagsüber in häufig wechselnden und ganz unterschiedlich ausgebauten Nestern. Für die Lage der Nester werden gern vorhandene schützende Strukturen bevorzugt – das erspart den Igeln Arbeit. Sommernester findet man in Höhlungen, in Stroh- und Heuhaufen, in höherer Ve-

getation und natürlich in Hecken und bodendeckenden Rabatten. Auch ältere, oft landwirtschaftlich genutzte Gebäude sind als Schlupfwinkel beliebt.
Ihre Nester polstern die Igel im allgemeinen mit eingetragenem Material wie Gras, Laub, ausgerissenen Pflanzen, ja sogar Papier- und Plastikabfällen aus, andere enthalten nur einen Kranz

Igelnest im Garten

von Nistmaterial um eine Nestmulde; und ab und zu dienen auch nur einfache Hohlräume ohne jede gemütliche Ausstattung als Unterschlupf für kurze Zeit.

Igel haben den Dreh raus
Winterschlafnester sind keine wahllos aufgehäuften Blätter, wie manche glauben, sondern kompakte Gebilde mit einem Durchmesser von 30–60 cm. Die Nestwände bestehen aus eng gepacktem Laub und sind bis zu 20 cm dick. Hat sich der Igel für einen Neststandort entschieden, sammelt er mit seinem Maul trockene Blätter passender Größe und schichtet sie z.B. unter Buschwerk oder in einer Hecke auf. In den Haufen trägt er weitere Blätter ein. Dann gräbt sich der Igel in den Laubberg hinein und dreht sich dort im Kreis. Diese Drehbewegung im Nestinneren, der der elastische Druck der Zweige von außen entgegenwirkt, führt dazu, daß die Blätter flach und eng aufeinander gepreßt werden und der ungeordnete Laubhaufen seine charakteristische Schuppenstruktur erhält (siehe Abb. unten). Das dichte Packen des Laubs hält größere Bodenlebewesen und Sauerstoff fern, so daß der normale Zerfallsprozeß verzögert wird. Diese Nestkonstruktion schützt den Igel vor Kälte und Nässe und ist so stabil, daß sie noch über Monate intakt bleibt, auch wenn der Igel das Nest längst verlassen hat.
Jungigel bauen ihre Nester meist nicht so sorgfältig. Dies ist auch ein Grund für die hohe Sterblichkeitsrate der Igel im ersten Winter.

Schematische Darstellung vom Bau eines Winterschlafnestes (nach Morris)

In der gebändigten Wildnis eines Naturgartens finden Igel und auch viele andere Tiere Nahrung und Unterschlupf.

Der igelfreundliche Garten

„Dem Burschen, der im Garten streunt,

...ist jeder, der vernünftig, freund“, reimt Eugen Roth. Wie aber machen wir es dem Igel dort gemütlich?

NATURSCHUTZ BEGINNT IM EIGENEN GARTEN

„Eine mächtige Mauer aus Ortsteinblöcken, von Moos übersponnen und von Engelsüß und Glockenblumen und Efeu überwuchert, hinter der sich ein gewaltiger, von Wacholder, Holunder, Stechpalmen und Schlehen bewachsener Hang erhebt, grenzt das Wohnwesen gegen die Stallungen ab. Aller-

Pflastervegetation – kein Grund zum Jäten!

Der Igel findet ein Versteck unter dem Kompost.

In sommerlichen Trockenperioden können Wasserstellen im Garten Igelleben retten.

Lattenzäune sind tierfreundlich und fügen sich harmonisch in die Landschaft ein.

lei Getier haust hier; in den Strohdächern brüten Rotschwanz und Ackermännchen, auch ein paar Schleiereulen und ein paar Käuzchen hausen dort, unter den Scheunen haben es Spitzmaus gut, wie Waldmaus, Kröte, Ringelnatter und nicht minder Wiesel und Iltis. Auch Igel sind hier immer anzutreffen." Dieses Tierparadies beschrieb Hermann Löns Anfang dieses Jahrhunderts in seiner Erzählung „Der Zaunigel".

Heute läßt sich ein solches Idyll kaum mehr finden, obwohl der Gartenbesitzer unserer Zeit viel weniger als sein Vorfahr ökonomischen Zwängen ausgesetzt ist; er muß keinen materiellen Nutzen aus seinem Grund und Boden ziehen.

Und doch übertrifft mancher Hobbygärtner jeden Landwirt in der Anwendung von chemischen Pflanzenschutzmitteln und Dünger. Auch die Ordnungsliebe im Garten nimmt oft groteske Formen an: Kein Gräslein darf aus der Reihe tanzen, keine Blattlaus die Rose „schänden", kein Laub den Teppichrasen verunzieren! Gerade die Gärten und

Durchschlupf für Igel

Grünanlagen in unseren Dörfern und Städten sind Rückzugsgebiete vieler Tierarten. Sie haben daher aus der Sicht des Natur- und Artenschutzes eine enorme Bedeutung: So nehmen die bundesdeutschen Gärten mit rund 6000 km² eine Fläche ein, die doppelt so groß ist wie alle Naturschutzgebiete zusammen. Freilich lassen sich viele Ziele des Natur- und Umweltschutzes nur auf politischem Weg erreichen, doch darüber dürfen wir die Verantwortung für Fauna und Flora in unserer unmittelbaren Umgebung - etwa im eigenen Garten - nicht vergessen. Gestalten wir ihn igelfreundlich, profitieren davon auch andere Tiere.

Gartenwege aus Platten müssen nicht sein: Ein einfacher Mähweg ist umweltfreundlicher.

WO SICH IGEL WOHL FÜHLEN

Zäune und Mauern

Igel dürfen durch diese Begrenzungen nicht behindert werden. Ideal sind Latten- oder Jägerzäune mit bienenfreundlichem Anstrich. Entscheidet man sich - vielleicht aus Kostengründen - für einen Zaun aus Maschendraht, läßt man ihn etwa 10 cm über dem Boden enden. In Stütz- oder Gartenmauern spart man beim Bau Durchschlüpfe aus oder bricht sie nachträglich hinein.

Die tierfreundlichste Grundstücksbegrenzung ist eine Hecke aus einheimischen Gehölzarten, vielleicht ergänzt durch einen mit Erde aufgefüllten Lesesteinwall oder eine Trockenmauer. Hat man gleichgesinnte Nachbarn, ist die gemeinsame Anlage einer Benjes-Hecke eine hervorragende Lösung.

Keine Flächenversiegelung

In unserer Landschaft sind Beton und Asphalt beherrschende Elemente. Deshalb sollten wir im eigenen Garten möglichst auf versiegelte Flächen verzichten. Gartenhäuschen und Schuppen können auf kleine Stelzen gesetzt werden. Für Garagenzufahrten reichen Fahrspuren aus Kies oder Rasengittersteinen, Gartenwege lassen sich mit Holzscheiben, Rindenmulch, Brettern, einzelnen Trittplatten oder als einfacher Mähweg gestalten.

Negativbeispiel: ein versiegelter Weg

Im wahrsten Sinn ein guter Weg: Rindenmulch

Richtiges Mähen

Der sogenannte englische Rasen besteht nur aus wenigen Grassorten und wirkt daher recht eintönig. Viel reizvoller ist dagegen eine bunte Blumenwiese. Sie wird so selten wie möglich gemäht, damit Wildblumen und -gräser aussamen können. Eine Spielwiese für Kinder braucht zwar einen häufigeren Grasschnitt, an den Wiesenrändern und an wenig begangenen Stellen genügt jedoch zweimaliges Mähen pro Jahr. Allerdings ist dann besondere Vorsicht geboten, um Igel, die sich tagsüber auch in hohem Gras verstecken, nicht zu verletzen.

Die kurzgeschnittene Wiese sieht besonders hübsch aus, wenn man einzelne „Wildblumenbeete" stehenläßt.

Einheimische Pflanzen

Ob ein Garten für Insekten, Vögel oder Säugetiere attraktiv ist, hängt im hohen Maß von den darin wachsenden Pflanzen ab. Exotische Gewächse sind häufig „steril", d.h. sie haben für unsere Tierwelt keinerlei Nutzen. Oft gedeihen sie nur durch massiven Einsatz von Pflanzenschutzmitteln und Kunstdünger. Einheimische Bäume, Sträucher und Stauden hingegen ernähren eine Vielfalt von Lebewesen. Zudem sind sie unserem Klima und unseren Böden besser angepaßt und somit pflegeleichter.

TIP: Rotationsmäher sind (im Gegensatz zu Balkenmähern) insektenfeindlich! Besonders schonend ist es freilich, mit der Sense zu mähen.

Kein Gift im Garten!

Mit Insektiziden vernichtet man nicht nur sogenannte Schädlinge, sondern auch viele nützliche Kleinlebewesen. Deren Fehlen wiederum zieht den weiteren Einsatz von Giften nach sich – ein Teufelskreis. Obendrein entzieht man Insektenfressern wie dem Igel und vielen Vogelarten die Nahrungsgrundlage. Auf Dauer ist es weitaus effektiver, für ein ökologisches Gleichgewicht im Garten zu sorgen. Dann braucht man sich meist nicht allzulange mit unerwünschten Schmarotzern herumzuplagen. Mittlerweile gibt es für die Be-

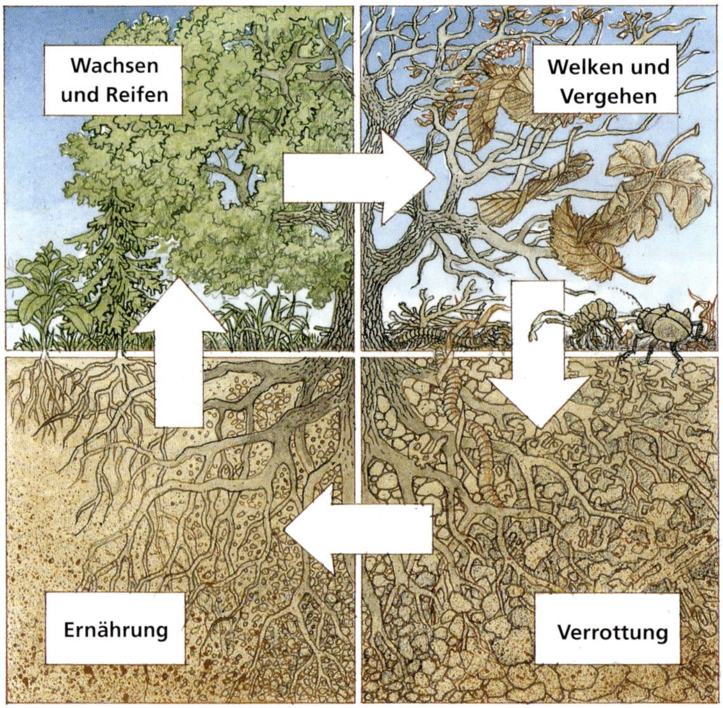

Der Kreislauf pflanzlichen Lebens

Zusammengerechtes Laub – unter Büschen und Hecken ausgebracht – ist ein guter Dünger.

Laubhaufen – Materiallager für Igelnester

kämpfung fast aller Schädlinge biologisch unbedenkliche Methoden, angefangen bei der gezielten Ansiedlung nützlicher Insekten über den trickreichen Einsatz verschiedenster Düfte zur Vertreibung unliebsamer Gäste bis hin zur Anlage von sich gegenseitig schützenden Mischkulturen. Diese Methoden sind außerdem meist preiswerter als die „chemische Keule". Obst und Gemüse, ohne Gift gezogen, sind zudem gesünder und schmecken besser. Die Umstellung auf biologisches Gärtnern lohnt sich also in vielerlei Hinsicht!

Unkraut ist Beikraut

Ob eine Pflanze die Bezeichnung „Unkraut" verdient, ist Anschauungssache. Brennnesseln und Disteln etwa sind vom Standpunkt vieler Schmetterlingsraupen aus lebenswichtige Gewächse, während der Gärtner ihnen Abneigung entgegenbringt. Sinnvoller ist es, Unkraut als „Beikraut" zu betrachten und es auch so zu behandeln – nämlich als Pflanzen, die man zwar nicht gezüchtet hat, die aber deshalb noch lange nicht prinzipiell bekämpft werden müssen. Im Falle des „Beikrauts" bewirkt eine kluge Bewirtschaftung des Gartens oft mehr als ein Sack Unkrautvernichtungsmittel.

Biologisch düngen

Sollen Pflanzen gut gedeihen, brauchen sie Nährstoffe. Auch hier kann man auf chemische Produkte verzichten. Die besten Dünger überhaupt sind Komposterde und verschiedene Mistarten. Viele Schmetterlingsblütler, wie z.B. Erbse, Bohne und Klee, leben in Symbiose mit Bakterien in den Wurzelknöllchen, die den Luftstickstoff fixieren können und damit den Boden anreichern. Verschiedene selbsthergestellte Kräuterjauchen sorgen ebenfalls für üppigen Pflanzenwuchs und schonen dabei die Mikroorganismen im Boden. Neben Steinmehl, Algenkalk und Rindenmulch stehen dem Ökogärtner noch viele weitere natürliche Düngemittel zur Verfügung.

Parkanlagen sind vielgestaltige Lebensräume. Auch hier fühlen sich Igel wohl.

TIP: Verwenden Sie keinen Torf! Er ist nicht nur äußerst nährstoffarm, sein Abbau zerstört auch einzigartige Feuchtgebiete.

Wohin mit den Gartenabfällen?

Den Jahreszeiten entsprechend wachsen und vergehen die Pflanzen. Wenn man diesen Kreislauf der Nährstoffe erhalten will, sollte man Laub, Gras, Reisig und Ernteabfälle nicht aus dem Garten entfernen. Was nicht für den Komposthaufen geeignet ist, läßt sich anderweitig unterbringen. Mit Grasschnitt etwa mulcht man Beete. Eine dünne Laubschicht schützt und düngt den Rasen, Insekten können darunter überwintern. Größere Laubmengen verteilt man unter Hecken oder Gebüsch. Dort dienen sie als „Materiallager" für Igelnester und als Winterquartier für zahlreiche Kleintiere. Ein Totholzhaufen in der Gartenecke bietet Lebensraum für Laufkäfer und Kurzflügler. Stauden sollte man ohnehin nicht im Herbst schneiden, sondern erst im nächsten Frühjahr. In den hohlen Stengeln und den Staudenzwischenräumen überwintern Käfer und Hautflügler.

NATÜRLICHE IGEL-UNTERSCHLÜPFE

Im Naturgarten finden Igel vielerlei Unterschlüpfe. Bei

Steinhaufen: ein Refugium für allerlei Tiere

Gartenarbeiten gilt es dies zu berücksichtigen, damit Tiere nicht aufgestört oder gar verletzt werden.

- Am häufigsten bauen Igel ihre Nester in **Hecken.** Sie zu schneiden oder gründlich „auszuputzen" empfiehlt sich daher im Winterhalbjahr nicht.
- Auch **Bodendecker** sind ein beliebter Platz für Igelnester, und das, obwohl einer der bei uns häufigsten – der Cotoneaster – kein einheimisches Gewächs ist.
- Das schützende Dach von **Baumwurzeln** lädt ebenfalls zum Nestbau ein. Igel

Hohlräume unter Gartenhäuschen (links) oder in alten Baumstümpfen (rechts) sind höchst willkommene Igelunterschlüpfe.

scharren sich darunter eine tiefe Mulde, in die sie Laub und abgestorbenes Gras eintragen.

► Hohlräume in einem mit Grün überwucherten **Steinhaufen** können Igeln ebenfalls als willkommener Unterschlupf dienen.

► Ein – im wahrsten Sinne des Wortes – wetterfestes „Dach über dem Kopf" finden Stacheltiere unter **Garten- und Gerätehäuschen, Hühner- und Kaninchenställen.** Einige Armvoll Laub oder Stroh erleichtern es ihnen, sich dort gemütlich einzurichten.

TIP: Das beste Nistmaterial für Igelnester ist Haferstroh. Die spitzen Grannen anderer Stroharten können eventuell Haut und Augen verletzen; Heu schimmelt leicht.

► **Holzstapel** sollten während des Winters niemals gänzlich abgebaut werden. Igel halten sich mit Vorliebe in den kleinen Nischen darunter auf.

► **Komposthaufen** bieten den Igeln nicht nur ein Quartier, sondern sind auch eine ergiebige Speisekammer – vorausgesetzt, man beachtet einige Grundregeln. Wichtig ist vor allem die richtige Zusammensetzung des abgelagerten Materials. Es darf nicht zu einer festen Masse verklumpen, wie das z.B. bei größeren Mengen frischen Grasschnitts der Fall ist. Schichten kleingeschnittener Zweige verhindern, daß der Kompost zu kompakt wird. Ferner sollten nur Gartenabfälle und rohe Gemüse- und Obstreste, jedoch keine gekochten oder verdorbenen Speisereste auf den Kompost geworfen werden.

„Geflochtener" Komposter: Einladung für Igel

Letztere ziehen nicht nur Ratten und Mäuse an, sondern sind auch wegen krankmachender Schimmelpilze und Bakterien, etwa Salmonellen, eine Gefahr für Tiere.
Manche käuflichen Komposter besitzen Entnahme- bzw. Entlüftungsklappen, die man für stachelige Wohnungssuchende offenstehen lassen kann.
Fehlt eine solche Klappe, sägt man statt dessen ein kleines ebenerdiges Einschlupfloch in eine Seitenwand.

UNTERSCHLÜPFE SELBER BAUEN

Schon mit einfachsten Mitteln kann man Unterschlüpfe für Igel schaffen. Damit sie auch angenommen werden, ist die Platzwahl wesentlich. Ein Unterschlupf sollte versteckt und im Schatten liegen, etwa in einer Gartenecke, unter Gebüsch oder unter tiefhängenden Ästen. Beobachtungen lassen vermuten, daß Igel ihre Winterschlafnester bevorzugt an Nordhängen bauen, weil sie dann nicht durch die Sonneneinstrahlung vorzeitig aus dem Winterschlaf geweckt werden.
Bei starkem Regen darf das Nest nicht unter Wasser stehen. An einem schwach geneigten Hang oder durch eine Schicht Kies bzw. Sand als Drainage kann das Regenwasser ablaufen.
Den Eingang des Unterschlupfs richtet man möglichst nach der wetterabgewandten Seite aus; meist ist dies Südosten.
Der Hohlraum im Inneren eines Nestes entspricht der Größe des zusammengerollten Igels. Die nachfolgend beschriebenen Unterschlüpfe sind nur deshalb oftmals recht groß, damit entweder genügend wärmendes Nistmaterial hineinpaßt oder die dicken Außenwände das Nest gut isolieren. Als Nistmaterial eignen sich trockenes Laub oder Haferstroh. Alle Unterschlüpfe müssen vor dem „Erstbezug" noch damit gefüllt werden.

Reisighaufen mit Plane

Dieses Igelquartier ist mit wenig Aufwand herzustellen: Man trägt genügend trockenes Laub an einer Stelle zusammen. Darüber schichtet man reichlich Reisig und Äste. Über diesen Haufen breitet man eine Plastikplane, deren vier Zipfel am Boden mit Steinen beschwert werden. Um die

Plane zu tarnen, deckt man sie mit weiterem Reisig zu. Je größer der Haufen, desto besser die Wärmedämmung!

Alter Weidenkorb und Beetrolli

Auch aus einem alten Weidenkorb ohne Henkel oder einem Stück Beetrolli (mit Draht verbundene Palisaden) ist schnell ein Igelunterschlupf gebaut. Der Weidenkorb wird umgedreht. Man legt eine Plastikfolie darüber und deckt sie mit Tannenreisig ab. Das Innere des Korbs füllt man mit Nistmaterial.

Das Beetrolli (Länge ca. 2,5 m) stellt man in S-Form auf, wobei die „Eingänge" des „S" nicht breiter als 12 cm sein sollten. Mit sechs dünnen Stäben (ca. 40 cm lang) fixiert man die Beetrolli-Schlange, damit sie nicht umfällt. Die beiden so entstandenen Unterschlüpfe bekommen ein Dach aus verwitterungsbeständigem PVC-Bodenbelag oder Dachpappe (Größe: 1,0 x 0,9 m). Beides kann man mit Pappnägeln am Beetrolli befestigen.

Reisighaufen: ein beliebtes Igelquartier

Igel-Einschlupfloch in einem Kompostbehälter

Unterschlüpfe aus Holz

- Ein breites, schräg an einen Haus- oder Schuppenwinkel gelehntes **Brett** schafft Nistraum und verlangt kein Bautalent.
- Auch der **Unterbau eines Holzstapels** kann Igeln Unterschlupf gewähren: Man ordnet die Holzscheite, die der Durchlüftung des Stapels dienen, wie ein kleines Labyrinth an (siehe Abb. S. 34). So entsteht gleich eine ganze Reihe von feuchtigkeitsgeschützten und warmen Unterschlüpfen.
- Aus Resten von Nut- und Federbrettern lassen sich recht einfach Igel-**Holzhäuser** zimmern. Die Grundfläche sollte etwa 40 x 60 cm groß sein, die Höhe 30–35 cm betragen. Auf zwei schmale Latten nagelt man die Seitenwände. Mit Nägeln oder Schrauben fügt man anschließend alle vier Wände zusammen. Auf das abnehmbare Holzdach, das

nach allen Seiten etwa 10 cm überstehen sollte, nagelt man Dachpappe oder PVC-Bodenbelag.
Igel schlafen meist in der am weitesten vom Eingang entfernten Ecke eines Unterschlupfs. Deshalb sägt man das Einschlupfloch – in einer Größe von 12 x 12 cm – entweder ganz links oder ganz rechts in eine der Längsseiten des Häuschens. Um die Igel vor Kälte und Zugluft zu schützen, baut man noch einen Windfang ein. Dazu zieht man in Breite des Einschlupflochs parallel zur Seitenwand eine Innenwand ein, die etwa 15 cm vor der Rückwand endet. Bei steinigem oder feuchtem Untergrund stellt man das Haus auf ein Brett, eventuell mit untergelegten Leisten. In weiche, trockene Erde hingegen scharren sich Igel gern eine Mulde – ein Holzboden erübrigt sich dann.

Bei Sommerhitze beliebt: Igelhaus aus Pflastersteinen

Unterschlüpfe aus Steinen

► Auch aus **Pflaster-, Ziegel- oder Hohlblocksteinen** lassen sich im Handumdrehen Igelburgen bauen. Als Dach dient eine große flache Steinplatte (siehe Abb. oben). Der Innenraum fällt bei einem solchen Haus natürlich kleiner aus als bei einem Holzbau. Dafür ist die Wärmedämmung der dickeren Wände aber wesentlich effektiver, so daß man weniger isolierendes Nistmaterial benötigt.

► Etwas Geschick erfordert der Bau eines **Unterschlupfes aus Natursteinen.** Sie müssen so angeordnet werden, daß Wände und Decke nicht einstürzen! Damit ein solches Bauwerk regen- und

UNTERBAU EINES HOLZSTAPELS

Durch die verwinkelte Anordnung der untersten Holzscheite entstehen mehrere Hohlräume für wettergeschützte Igelnester. Den Stapel sollte man deshalb im Winter nicht vollständig abbauen!

TIP: Ob ein Igelbau bewohnt ist, läßt sich mit einem simplen Trick feststellen: Man steckt vor den Eingang einen Strohhalm, den der Igel beiseite schieben muß, wenn er sein Nest verläßt.

winddicht ist, füllt man rundherum Erde an und klopft sie fest. Es wird nicht lange dauern, bis das Igelhaus bewachsen und dann auch gut getarnt ist.

TIP: Wer sich den Bau eines Igel-Unterschlupfes nicht zutraut, kann fertige Modelle im Zoo- oder Gartenfachhandel kaufen.

Großputz im Igelbau
Auch Igelhäuser müssen hin und wieder gereinigt werden. Die stacheligen Bewohner hinterlassen nämlich manchmal Kot in ihrem Nest; Flöhe, Milben und Schimmelpilze können sich in der vielleicht auch feuchten Einstreu vermehren. Anders als natürliche Igelnester, die nach einiger Zeit verfallen, stellen dauerhafte Unterschlüpfe möglicherweise langfristige Infektionsquellen dar, wenn man sie nicht hin und wieder sorgfältig ausputzt.

Die beste Zeit dafür ist das späte Frühjahr, also nach dem Winterschlaf und noch bevor Säuglinge zu erwarten sind.
Hat man mit Hilfe der Strohhalmprobe festgestellt, daß der Igelunterschlupf einige Zeit nicht benutzt wurde, räumt man sämtliches Nistmaterial heraus und ersetzt es durch frisches. Holzhäuser werden gründlich ausgewaschen und an der Sonne getrocknet. In Unterschlüpfen mit Naturboden trägt man 2–3 cm Erde ab und schüttet, wenn nötig, neue Erde auf.

WASSER IM GARTEN

In den letzten Sommern gab es in vielen Gegenden wochenlange Trockenperioden ohne ein Tröpfchen Regen und ohne nächtlichen Tau. Unter dieser Dürre litten besonders die Wildtiere. In die Igelstationen wurde eine große Zahl nahezu verdursteter Igel gebracht. Nicht immer gelang es, sie vor dem Tod zu retten.
Igel können natürlich keine Wasserhähne aufdrehen, und auch das rettende Naß in Regentonnen und Gießkannen ist für sie unerreichbar.
Um ihnen über solche Trockenperioden hinwegzuhelfen, kann man im eigenen Garten Wassertränken einrichten, und zwar noch bevor es

Unterschlupf aus Natursteinen – inzwischen mit Gras bewachsen

Tiergerecht: ein Teich mit flacher Uferzone

Eine Oase für Tiere: der Gartenteich

Wasserstelle aus Blumentopfuntersetzern

längere Zeit nicht regnet. Andernfalls kann es oft schon zu spät sein.
Igel haben ein gutes Ortsgedächtnis. Ist eine immer frisch gefüllte Tränke fester Bestandteil des Gartens, wissen die Igel in Notzeiten, wohin sie sich wenden können, und müssen nicht erst größere Wanderungen auf der Suche nach Wasser unternehmen.
Als Igeltränken eignen sich die meisten handelsüblichen Vogelbäder. Auch sonstige **flache, standfeste Schalen,** etwa größere Blumentopfuntersetzer, sind für diesen Zweck verwendbar. Die Schalen müssen täglich ausgespült und mit frischem Wasser gefüllt werden. Treffen sich nämlich an einer Wasserstelle neben Igeln auch andere Kleinsäuger und Vögel, wird sie schnell verunreinigt. Dann besteht leicht die Gefahr, daß sich Krankheiten ausbreiten.
Eine besonders reizvolle „Oase" ist ein **Gartenteich.** An ihm wird man im Laufe der Zeit neben Igeln und Vögeln auch viele interes-

sante Insekten, Frösche und Kröten beobachten können. Damit die „Fußgänger" unter den Tieren das Wasser gefahrlos erreichen können, müssen die Uferzonen flach angelegt sein. Wer sich nicht selbst an den Bau wagt, dem bietet der Handel vorgefertigte Modelle.

ZUFÜTTERUNG IM GARTEN

Frühjahr und Herbst sind nahrungsarme Zeiten für die Igel. Sie leben hauptsächlich von Insekten und deren Larven, von Würmern und auch von Schnecken. Diese Nahrungstiere sind aber nicht immer verfügbar. Laufkäfer – die Hauptnahrung der Igel – verschwinden im Oktober fast schlagartig von der Bildfläche und sind erst im Mai wieder in größerer Anzahl anzutreffen.
Welchen Anteil die verschiedenen Kleinlebewesen an der Ernährung der Igel haben, geht aus der untenstehenden Tabelle hervor. Bei den Werten für die Futterbruttoenergie muß berücksichtigt werden, daß der Anteil der verwertbaren Energie je nach Beutetier verschieden ist. Die Futterbruttoenergie schließt auch die Energie mit ein, die Igel nicht verwerten können, z.B. Flügeldecken und das Chitinskelett von Käfern oder Schneckenhäuser.

Einfaches Futterhaus aus einer Obstkiste

In diesem Haus ist das Igelfutter vor Katzen sicher.

BEDEUTUNG DER NAHRUNGSTIERE (NACH WROOT, 1984)

Nahrungstiere der Igel	Bedeutung für die Ernährung	Prozentualer Anteil an der Futterbruttoenergie
Käfer	sehr wichtig	27,9–56,3
Schmetterlingslarven	sehr wichtig	17,7–43,1
Regenwürmer	sehr wichtig	12,3–33,9
Ohrwürmer	wichtig	1,5–10,5
Käferlarven	wichtig	0,4–10,5
Schnecken	weniger wichtig	1,3–5,6
Mücken und Fliegen	weniger wichtig	2,9–7,0
Hundert- und Tausendfüßer	weniger wichtig	0,3–2,2
Asseln	unbedeutend	0,1–1,1
Ameisen, Bienen, Wespen	unbedeutend	keine Angabe
Spinnen	unbedeutend	keine Angabe

Mähgeräte und Gartenfeuer stellen für Igel eine tödliche Gefahr dar.

Warum zufüttern?
Igelmännchen können sich nach den Anstrengungen der Paarungszeit bis zum Beginn der nahrungsarmen Monate in aller Ruhe ihren Winterspeck anfressen. Den Igelweibchen hingegen läßt die kraftraubende Aufzucht der Jungen viel weniger Zeit, sich auf den Winter vorzubereiten. Besonders schlecht ergeht es den Jungigeln, die erst im Spätherbst selbständig werden, also dann, wenn das Futterangebot schon sehr knapp ist. Sie haben weniger Widerstandskräfte und sind erheblich anfälliger für Infektionen aller Art.
Mit voranschreitender Jahreszeit ergibt sich eine immer ungünstigere Energiebilanz: Um die wenigen noch verfügbaren Beutetiere aufzustöbern, müssen die Igel weitere Wege zurücklegen. Bei niedrigen Temperaturen müssen sie außerdem mehr Energie aufwenden, um die normale Körpertemperatur aufrechtzuerhalten. Schließlich verbrauchen die Igel bei der Futtersuche dann sogar mehr Kalorien, als die erbeutete Nahrung liefert.

ACHTUNG: Fallobst, Nüsse und Beeren ersetzen die Insektennahrung nicht. Igel sind keine Vegetarier!

Füttert man den Igeln im Garten rechtzeitig Nahrung zu, können sich viele noch genug Speck für den Winterschlaf anfressen.
Kritiker verwerfen häufig diesen „Eingriff in die natürliche Auslese“. Sie hätten sicherlich recht, würden allein ungünstige Witterung und natürliche Feinde ein Igelleben bedrohen. Durch die vielfältigen Eingriffe der Menschen in die Natur geraten immer mehr Igel in Not, wodurch eine Art der „Auslese“ entsteht, der sich die Igel nicht anpassen können und die sie deshalb auch nicht durch eine erhöhte Vermehrungsrate auszugleichen vermögen.
Zwei Beispiele sollen dies in bezug auf die Ernährungssituation erläutern:

- Durch die Einengung und Zerstörung vieler Lebensräume sind die Gebiete, in denen die Igel Nahrung finden, kleiner geworden.
- 40 % der Laufkäfer, also der Hauptnahrung der Igel, stehen bereits auf der „Roten Liste“, d.h., sie sind stark gefährdet bzw. vom Aussterben bedroht. Sie spielen daher bei der Ernährung der Igel kaum mehr eine Rolle.

Wann zufüttern?

Damit die Igel eine neu eingerichtete Futterstelle rechtzeitig ausfindig machen können, eröffnet man das „Gasthaus" Mitte bis Ende September. Die Schließung richtet sich nach der Witterung: Wenn die Nachttemperaturen ständig unter den Gefrierpunkt sinken und womöglich Schnee liegt, sollte man mit dem Zufüttern aufhören. Gefrorenes Futter tut auch Igelmägen nicht gut. Außerdem kann die Bereitstellung von Nahrung Igel eventuell vom Winterschlaf abhalten. Den Tieren, die dank der Zufütterung ein gutes Winterschlafgewicht erreicht haben, signalisiert das Ende der Zufütterung, daß es jetzt Zeit ist, schlafen zu gehen. Igeln, die trotz des Besuchs der Futterstelle nicht wesentlich zugenommen haben, nützt eine weitere Fütterung auch nichts mehr. Sie sind vermutlich krank und auf die Pflege und medizinische Versorgung in menschlicher Obhut angewiesen.
Im Frühjahr, wenn die Igel aus dem Winterschlaf erwachen, ist das Nahrungsangebot ebenfalls noch karg. Auch dann ist für manchen mageren Igel eine Futterstelle lebensrettend. Sie sollte nicht länger als bis Mitte Mai beschickt werden.

Was zufüttern?

Zur Zufütterung im Garten eignen sich alle Nahrungsmittel, die man auch hilfsbedürftigen Igeln im Haus geben kann (siehe S. 51), außerdem Hundefeuchtfutter (z.B. Hap) und Erdnußbruch. Die Auswahl hängt davon ab, ob Katzen als unerwünschte Mitesser zu erwarten sind. Sie verschmähen Dosenfutter meist, wenn es mit Igeltrockenfutter vermischt ist. Auch Erdnußbruch rühren sie nicht an; für Igel stellt er aber ein akzeptables Zubrot dar.

TIP: Dem Futter im Garten nie Medikamente (z.B. zur Entwurmung) zufügen! Es läßt sich nicht kontrollieren, welcher Igel wieviel davon aufnimmt.

Wie zufüttern?

Damit das Futter vor Regen geschützt ist, stellt man es „unter Dach". Das kann z.B. eine umgedrehte Obstkiste sein, bei der man die unteren Latten entfernt. Um Katzen den Zutritt zum Futterteller zu verwehren, empfiehlt sich der Bau eines katzensicheren Futterhauses (siehe Abb. S. 37). Durch den schmalen Eingang (etwa 10 cm) passen Katzen kaum hindurch. Auch andere bauliche Maßnahmen halten Katzen vom Futterhaus fern, so z.B. ein vorgeschaltetes Labyrinth, also ein enger, verwinkelter Zugang.
Da sich am Futterteller häufig mehrere Igel einfinden, sollte das Futterhaus mindestens zwei Eingänge von 10 x 10 cm Größe besitzen und auch nicht zu klein sein (Länge/Breite/Höhe ca. 80/40/25 cm).

Wichtig: die Hygiene

Die Näpfe stellt man auf Zeitungspapier, das man täglich wechselt. Die Umgebung des Futterhauses läßt sich leicht sauberhalten, wenn es auf Steinplatten steht, die man mit Wasser und Bürste oder mit dem Gartenschlauch reinigen kann.
Gefüttert wird grundsätzlich abends. Futterreste beseitigt man morgens und spült die Schüsseln heiß aus.

Beerennetz: An Igel denken!

GEFAHREN UND IHRE VERMEIDUNG

Versuchen Sie einmal, Ihren Garten und Ihre nähere Umgebung mit den Augen eines Igels zu sehen: Eine Menge Gefahren, deren wir uns oft gar nicht bewußt sind, bedrohen das Leben der kleinen Stachelritter. Mit geringem Aufwand kann viel Tierleid vermieden werden.

► **Lichtschächte** etwa sind häufige „Igelfallen". Es genügt schon, sie mit engmaschigem Draht zu bespannen, der bis zur Hauswand reicht.

► Oft fallen Igel in **Gruben**, **Schächte** oder **Gräben**, aus denen sie allein nicht mehr herauskommen. Nicht so, wenn man ein Brett als Ausstiegshilfe hineinlegt oder das Ende des Grabens mit Erde schräg anböscht.

► Manchmal wird schon beim Neubau von **Kellertreppen** eine Betonschräge zum Schieben von Fahrrädern eingeplant. Ist eine solche Rampe nicht vorhanden, legt man seitlich auf jede Treppenstufe einen Ziegelstein. Das verringert die Stufenhöhe, und selbst kleine Igel können mit einigen Klimmzügen wieder hinausklettern.

► Die **Austrittsöffnungen** von Wäschetrocknern mit Abluftbetrieb sollten (trotz der Plastiklamellen!) möglichst hoch über dem Erdboden liegen oder mit einem engmaschigen Draht versehen sein. Tatsächlich fand sich schon einmal ein Igel in einem Wäschetrockner; er wurde aber glücklicherweise gerettet.

► Oft werden Igel versehentlich in **Garagen, Gartenhäuschen, Geräteschuppen** oder **Treibhäusern** eingesperrt. Hier ist es sinnvoll, eine kleine Ausschlupföffnung oder eine nur von innen aufschwenkbare Klappe in Wand oder Tür anzubringen.

► **Netze über Beerensträuchern** sollen nicht bis zum Boden herunterhängen, Igel können sich darin verwikkeln.

► Auch in **Mäuse- und Rattenfallen** ist schon so mancher Igel gestorben. Macht man sich die Kletterfähigkeit der Nager zunutze, dient das auch der Sicherheit der Igel. Man stellt die Schlagfallen – unerreichbar für Igel – mindestens 50 cm

Gartenteich mit Steilufer: nicht nur eine Gefahr für Igel!

Hühnerleiter: Ausstiegshilfe

hoch auf Tische, auf oder in Kisten, auf Mauern oder Bretterstapel.

► Ebenso ist mit **Giftködern** zu verfahren, die man zusätzlich noch in engen Röhren unterbringen sollte. Bedenken Sie aber, daß trotz dieser Vorsichtsmaßnahmen Eichhörnchen, Schläfer und Vögel durch Fallen oder Gift gefährdet sind.

► Alle Arten von **Kunstdüngern, Insektiziden, Herbiziden** und **Pestiziden** können Igeln schaden, sei es, daß ihre Beutetiere vernichtet werden oder daß sie die Gifte über die Haut bzw. mit der Nahrung aufnehmen. Die Langzeitwirkungen z.B. auf Leber und Nieren sind bei Wildtieren noch gar nicht bekannt! Dasselbe gilt für **Schneckenkorn.** Die für Igel tödliche Dosis liegt zwar hoch, doch sind negative gesundheitliche Folgen keineswegs auszuschließen. Besser weicht man also auf Alternativmethoden aus.

► Erfreulicherweise ist in einigen Bundesländern das **Verbrennen von Reisig und Gartenabfällen** nicht mehr erlaubt. Wo es aber noch gestattet ist, sollten solche Haufen unmittelbar vor dem Verbrennen vorsichtig umgesetzt werden, damit Igel und andere Kleintiere nicht zu Schaden kommen. Das gilt auch für die vielen Brauchtumsfeuer.

Jagdlustige Hunde können Igel schwer verletzen.

► Um Igeln den Ausstieg aus **Gartenteichen** oder **Schwimmbädern** mit steilem Ufer zu ermöglichen, legt man eine Bast- oder Schilfmatte – am Boden und am oberen Rand mit Steinen beschwert – oder auch ein Brett mit Querleisten hinein.

► Hin und wieder verfangen sich Igel in **Drahtrollen** oder **Plastikfolien.** Wenn man solche Materialien nicht im Haus unterbringen kann, sollten sie nach Möglichkeit hoch gelagert werden, etwa auf einem Holzstapel.

► Daß **Rasenmäher** und **Tellersensen** – wenn überhaupt – vorsichtig gehandhabt werden müssen, versteht sich für den Tierfreund von selbst.

► **Laubsauger** saugen nicht nur Laub, sondern auch Kleinlebewesen und sogar kleine Igel auf. Wenn sich der Einsatz eines solchen Geräts nicht vermeiden läßt, sollte eine niedrige Stufe der Blasfunktion eingestellt und das Laub unter Büsche und Hecken gepustet werden.

► Schließlich bilden jagdlustige **Hunde** für Igel eine Gefahr. Vor allem am Abend sollte man sie beim Gassigehen an die Leine nehmen und sie im Dunkeln auch nicht frei im Garten herumtoben lassen.

Ein Pflegling auf Zeit – kein Haustier!

Zufütterung im Herbst

Hilfsbedürftig: verwaiste Igelsäuglinge

Pflege hilfsbedürftiger Igel

„Gereinigt erst ...

... von Floh und Laus, wird er Genosse selbst im Haus“ (E. Roth). Doch nur selten ist solche Fürsorge erlaubt!

GESETZLICHE REGELUNGEN

Igel gehören zu den „besonders geschützten“ Tierarten. Für sie gelten Vorschriften, die im Bundesnaturschutzgesetz niedergelegt sind. In § 42 heißt es sinngemäß: „Es ist verboten, wildlebenden Tieren der besonders

geschützten Arten nachzustellen, sie zu fangen, zu verletzen, zu töten oder ihre Entwicklungsformen, Nist-, Brut-, Wohn- oder Zufluchtstätten der Natur zu entnehmen, zu beschädigen oder zu zerstören. Es ist ferner verboten, Tiere der besonders geschützten Arten in Besitz zu nehmen."
Der Gesetzgeber erlaubt aber Ausnahmen: „Abweichend von den Verboten [...] ist es zulässig, verletzte oder kranke Tiere aufzunehmen, um sie gesund zu pflegen. Die Tiere sind unverzüglich in die Freiheit zu entlassen, sobald sie sich dort selbständig erhalten können."
Wird ein hilfsbedürftiger Igel ins Haus genommen, ist auch das Tierschutzgesetz zu beachten. In § 2 steht u.a.: „Wer ein Tier hält, betreut oder zu betreuen hat, muß dem Tier angemessene Nahrung und Pflege sowie eine verhaltensgerechte Unterbringung gewähren und über die für eine angemessene Ernährung, Pflege und verhaltensgerechte Unterbringung des Tieres erforderlichen Kenntnisse und Fähigkeiten verfügen."

WELCHE IGEL BRAUCHEN HILFE?

Verwaiste Igelsäuglinge:
Sie sind in den Ausnahmebestimmungen des Naturschutzgesetzes nicht extra erwähnt, dennoch wird man nicht mit dem Gesetz in Konflikt kommen, wenn man mutterlose und daher zum Tod verurteilte Igelsäuglinge in Pflege nimmt. Unter „verwaisten Igelsäuglingen" versteht man Igeljunge, die sich tagsüber außerhalb ihres Nestes aufhalten, noch geschlossene Augen und Ohren haben und sich womöglich kühl anfühlen. Man sollte sich ihrer sofort annehmen und nicht stundenlang auf die höchst unwahrscheinliche Rückkehr der Mutter warten.

Verletzte Igel:
Bei einem äußerlich verletzten Igel sieht man Blut, Schorf, Wunden, Eiter.

Auch Igel brauchen manchmal ein Bad.

Frisch verarztet: Die Wunde mußte genäht werden.

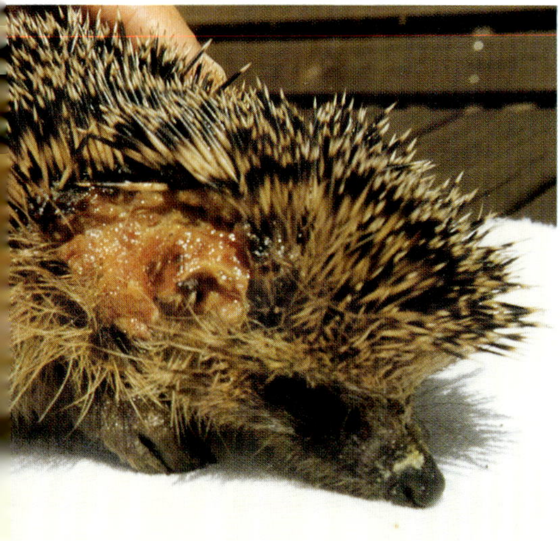

Leider nicht selten: Kopfverletzung durch einen Hundebiß

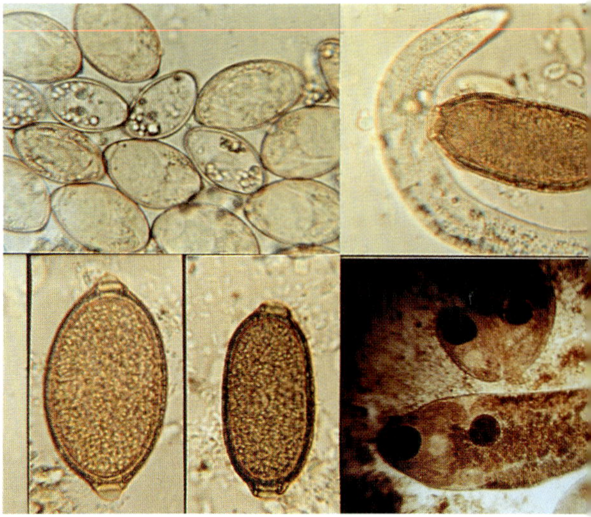

Blick durchs Mikroskop: Stadien einiger Innenparasiten

Zieht der Igel ein Bein hinterher, ist es womöglich gebrochen. Oft deuten auch die Fundumstände auf eventuelle Verletzungen hin: Etwa, wenn sich ein Igel ungewöhnlich verhält und neben einer Straße, in der Nähe einer Baustelle oder bei maschinellen Grünpflegearbeiten gefunden wurde. Tiere, die tagelang in Gruben, Schächten oder ähnlichem gefangen waren, brauchen ebenfalls häufig Hilfe.

Kranke Igel

Entgegen ihren sonstigen Gewohnheiten sind kranke Tiere tagsüber aktiv. Und das ist beim Nachttier Igel immer ein Alarmzeichen. Ehe man aber einen Igel nur deswegen aufnimmt, weil er sich bei Tageslicht sehen läßt, ist zu überlegen, ob das Tier nicht durch Gartenarbeiten, Abbau von Materiallagern und Holzstapeln oder durch einen herumstöbernden Hund aufgestört wurde und sich nur schleunigst einen neuen Unterschlupf sucht!
Igel pflegen sich auch nicht zu sonnen, wie schon mancher beim Anblick eines ausgestreckten Igels irrtümlich angenommen hat!
Äußerlich erkennt man einen kranken Igel daran, daß er apathisch ist und sich bei Gefahr nicht gleich einrollt. Außerdem sieht er abgemagert aus. Hinter dem Kopf ist deutlich eine Einbuchtung, die „Hungerfalte", zu erkennen; die Schulter- und Hüftknochen stehen heraus. Die Augen liegen tief in ihren Höhlen und sind zu Schlitzen verengt. Kranke Igel sind - ebenso wie verwaiste Säuglinge und verletzte Igel - in der warmen Jahreszeit oft von Schmeißfliegen umschwirrt, die auf ihnen ihre Eier ablegen.

Igel, die bei Dauerfrost oder Schnee herumlaufen

Das Naturschutzgesetz führt auch sie nicht extra auf. Doch zum Überleben bedürfen sie ebenfalls unserer Hilfe. Man findet auch diese Tiere hauptsächlich bei Tag. Es kann sich um kranke und schwache Altigel handeln; meist aber sind es untergewichtige Jungtiere, die entweder krank sind oder aber spät geboren wurden und sich wegen des geringen Futterangebots in der fortgeschrittenen Jahreszeit kein ausreichendes Fettpolster für den Winterschlaf anfressen konnten.

DIE ERSTVERSORGUNG

Hat man einen hilfsbedürftigen Igel gefunden, ist zunächst ein bißchen Büroarbeit zu erledigen: Verlassen Sie sich nicht auf Ihr gutes Gedächtnis - vielleicht muß der Patient den ganzen Winter über in Ihrer Obhut bleiben! Auch Tierarzt und Igelstation sind froh über eine genaue Dokumentation.

Der Pflegebericht

Auf einem Blatt Papier oder dem „Pflegebericht" (siehe S. 63) notiert man zunächst das Funddatum, die Uhrzeit, die genaue Fundstelle und den Grund, warum der Igel aufgenommen wurde. Das Fundgewicht stellt man am besten mit Hilfe einer genauen Waage fest und schreibt es ebenfalls auf. In den Pflegebericht werden weiterhin Gewichtsentwicklung, Tierarztbesuche, verabreichte Medikamente usw. eingetragen.

Männchen oder Weibchen?

Zur Geschlechtsbestimmung (siehe S. 18) setzt man den Igel auf einen Tisch und streichelt ihm sanft über den Rücken, bis er sich ausrollt. Dann bringt man ihn mit der flachen Hand in Seitenlage, damit der Bauch sichtbar wird. Faßt man das entspannte Tier behutsam an den Hinterbeinchen und läßt es „Handstand" machen, gelangt man auch zum Ziel.

Ist der Igel verletzt?

Manchmal sind Verletzungen nicht auf Anhieb zu erkennen. Deshalb sollte man jeden Igel eingehend untersuchen. Um Bauch und Beine zu inspizieren, geht man genauso vor wie bei der Geschlechtsbestimmung. Manchmal weisen Verletzungen, vor allem Hundebisse, darauf hin, daß der Igel auch noch an anderen Krankheiten leidet. Ein Hund kann einen Igel z.B. nur dann in den Kopf

Schlechte Karten: Nach Wintereinbruch noch unterwegs

Eine Handvoll Igel

beißen, wenn sich das Tier – körperlich geschwächt – nicht einrollt.

Ist der Igel unterkühlt?

Unterkühlungen kommen bei kranken oder verletzten Igeln selbst im Sommer vor. Ihre normale Körpertemperatur liegt mit etwa 35 °C geringfügig unter der des Menschen. Ein Igel ist unterkühlt, wenn sich der Bauch deutlich kälter als die eigene Hand anfühlt. Ist das der Fall, umwickelt man eine mit gut handwarmem Wasser gefüllte Gummiwärmflasche mit einem Frotteehandtuch und legt sie in einen passenden, hochwandigen Karton. Darauf legt man den Igel und deckt ihn mit einem weiteren Handtuch zu.

ACHTUNG: Für ein Igelnest dürfen niemals Textilien mit Aufhängern, Löchern oder heraushängenden Fäden verwendet werden. Der Igel könnte sich strangulieren oder ein Beinchen abschnüren.

Wie entfernt man Außenparasiten?

▸ **Fliegeneier** sind weißliche, etwa 1,5 mm lange, aneinanderhaftende Stäbchen; die hellen, wurmförmigen **Fliegenmaden** haben je nach Alter eine Länge von 0,2–1 cm. Man findet sie in der warmen Jahreszeit in Wunden, aber auch auf schwachen, unverletzten Igeln. Sie müssen unverzüglich und sehr sorgfältig mit der Pinzette abgesammelt werden. Die Maden halten sich besonders gern in den Körperöffnungen (Augen, Nase, Ohren, Mund, After) und in den Beinbeugen auf.

▸ **Igelflöhe** entfernt man am besten mit einem milden Flohspray, z.B. Jacutin®. Es ist beim Tierarzt erhältlich.

▸ **Zecken** faßt man mit einer Pinzette möglichst dicht

Gesunder Igel (oben): Birnenförmiger Körper
Kranker Igel (links): Hungerfalte hinter dem Kopf und eingefallene Flanken

an der Haut des Igels und zieht sie ruckartig heraus. Verwenden Sie kein Öl, keinen Nagellack oder Klebstoff!

TIP (NUR FÜR DEN TIERARZT): Abtöten von Fliegenmaden, Milben, „Babyzecken" mit der Sprühmethode: Ivomec® mit Kochsalzlösung im Verhältnis 1 : 30 vermischen, in einen Pumpzerstäuber füllen und den Igel sparsam damit einsprühen.

Wie badet man einen Igel?

Nicht jeder Igel hat ein Bad nötig. Diese Prozedur ist nämlich mit erheblichem Streß verbunden. Deshalb dürfen sehr schwache Tiere und Igelsäuglinge nicht gebadet werden.
Man läßt wenig handwarmes Wasser in ein Waschbecken ein und setzt den Igel mit dem Hinterteil hinein. Die Hand stützt Kopf und Brust, so daß Mund, Nase und Ohren über dem Wasserspiegel bleiben. Aus einem Becher kann man Wasser über Kopf und Schultern rieseln lassen. Nach dem Bad hüllt man den Igel in ein Handtuch, das, sobald es feucht ist, gewechselt wird. Anschließend bringt man ihn an einen warmen und vor Zugluft geschützten Ort.

Provisorische Unterbringung

Fürs erste kann man den Igel in einem großen, möglichst hohen Karton einquartieren. Igel brauchen Platz, können überraschend gut klettern und sogar Klimmzüge machen! Bade- oder Waschwannen, Eimer, Obstkisten, Hamster- und Vogelkäfige sind ungeeignet. Der Boden des Kartons wird mit Zeitungspapier ausgelegt und der Igel in eine Ecke zwischen Frotteehandtücher gesetzt. So bald wie möglich muß für den stacheligen Gast ein richtiges Gehege mit einem geeigneten Schlafhaus angefertigt werden (siehe S. 49).

HINWEIS: Igel dürfen nie frei in der Wohnung herumlaufen! Sie kriechen sonst hinter oder unter Heizkörper, Möbel und Elektrogeräte und kommen nicht mehr heraus, denn im „Rückwärtsgang" spreizen sich die Stacheln ab!

Die erste Mahlzeit

Ein Schüsselchen mit Katzen- oder Hundedosenfutter oder Rührei – zubereitet mit wenig Fett und ohne

Igel – von Zecken geplagt

Baden – für Igel Streß

„Krankenhaus" und „Kinderheim": Blick in eine private Igelstation

Unterbringung in menschlicher Obhut: Igelgehege mit Schlafhaus

Gewürze – genügt fürs erste. Zu trinken bekommt der Igel Wasser – keine Milch! Igel lassen sich übrigens nicht gern beim Fressen zuschauen!
Bei sehr schwachen Tieren ist die Zufuhr von Flüssigkeit wichtiger als feste Nahrung. Mit einer Einwegspritze (natürlich ohne Nadel!) flößt man ihnen tröpfchenweise lauwarmen, ungesüßten Fenchel- oder Kamillentee ein.

TIP: Unterkühlte Igel müssen zuerst auf normale Körpertemperatur gebracht werden, ehe man sie füttert. Sie könnten sich sonst verschlucken.

Rat vom Fachmann

Der Weg zum Tierarzt und/oder zur Igelstation ist unerläßlich – den kann auch ein medizinisches Nachschlagewerk oder ein Igelbuch nicht ersetzen. Wer das erste Mal einen Igel pflegt, sollte unbedingt die Hilfe einer dieser Institutionen in Anspruch nehmen, damit die gesundheitliche Verfassung des Tieres eingeschätzt und weitere Pflegemaßnahmen besprochen werden können. Die Versorgung von Verletzungen und die Verabreichung von Medikamenten ist ohnehin Sache von Fachleuten!
Wer keinen sachkundigen Ansprechpartner in seiner Nähe weiß, kann sich an eine der auf Seite 60 genannten Adressen wenden.

DIE RICHTIGE UNTERBRINGUNG

Welcher Raum eignet sich?

Der Raum, in dem das Igelgehege aufgestellt wird, sollte eine Zimmertemperatur von 18–21 °C und eine mittlere Luftfeuchtigkeit haben. Er sollte über Lichteinfall verfügen und gut belüftbar sein. Igel sind zudem sehr geräuschempfindlich und schlafen tagsüber. Küche, Kinderzimmer, Werkstatt, Garage, die meisten Kellerräume und Speicher eignen sich demnach aus dem einen oder anderen Grund nicht!

HINWEIS: Igel sollen keinen Kontakt mit Haustieren haben! Erstens ist die gegenseitige Übertragung von Krankheiten nicht auszuschließen. Zweitens kann der Instinkt des Igels, sich bei Gefahr einzurollen, abstumpfen. Das kann ihn vielleicht später in der Natur das Leben kosten.

Das Igelgehege

Igel sind von Natur aus keine geselligen Tiere. Müssen sich zwei oder mehr Igel ein Gehege teilen, kann es nicht nur zu Rangeleien ums Futter, sondern auch zu ernsthaften Beißereien kommen. Auch die Ansteckungsgefahr ist nicht zu unterschätzen. Deshalb braucht jeder Igel ein eigenes Gehege. Lediglich sehr junge Igel aus einem Wurf können bis zu einem Gewicht von ungefähr 350 g beisammen bleiben.

Das Gehege sollte mindestens 2 m² groß sein. Damit es absolut ausbruchsicher ist, muß die Höhe der Seitenwände etwa 50 cm betragen. Am besten fertigt man das Gehege aus Holz-, Span- oder Hartfaserplatten oder aus alten, möglichst langen und breiten Schranktüren. Auch aus mehreren Kartons (z.B. Verpackungen von Fernsehern) kann ein Igelgehege entstehen: Man befestigt sie gut aneinander und schneidet in die angrenzenden Seitenwände kleine Durchgänge. Der Boden kann aus bündig aneinandergelegten Brettern, aber auch aus zu einem „Teppich" zusammengeklebten Pappen jedweder Größe bestehen. Man bedeckt ihn mit mehreren Lagen Zeitungspapier, die täglich (!), am besten morgens, gewechselt werden.

Das Schlafhäuschen

Als Nest dient ein kleiner Karton mit etwa 30 cm Kantenlänge, den man oben zuklappen kann. Seitlich schneidet man ein Schlupfloch von 12 x 12 cm Größe hinein. Das Schlafhaus wird mit reichlich zerrissenem und zerknülltem Zeitungspapier (kein Laub, Heu o.ä.) gefüllt. Sobald es feucht oder verkotet ist, tauscht man es aus. Verschmutzte Kartons ersetzt man durch neue.

DIE ERNÄHRUNG

Was füttert man einem Igel?

Die natürliche Nahrung der Igel – Insekten aller Art und deren Larven, Würmer und Schnecken – ist eiweiß- und fettreich, jedoch kohlenhydratarm. Zwar bestehen die Flügeldecken und das Skelett der Insekten aus Chitin, also aus Kohlenhydraten; diese Körperteile sind aber für Igel nicht verdaulich und dienen lediglich als Ballaststoffe.

In Gefangenschaft sollte man Igeln – vielleicht mit Ausnahme einiger Mehlwürmer – keine lebende Nahrung zu fressen geben, denn Regenwürmer und Schnecken sind häufig Überträger von Innenparasiten, die kranke Igel zusätzlich belasten.

Wegen der Gefahr einer Salmonelleninfektion füttert man nur durchgegartes Fleisch oder Ei, z.B. angebratenes Rinderhackfleisch, gekochtes Geflügelfleisch, Rührei oder hartgekochte Eier, Katzen- und Hundedosenfutter. Ballaststoffe, ohne die der Kot oftmals sehr weich ist und unangenehm riecht, müssen den „Grundnahrungsmitteln" noch zu-

Wichtig: die richtige Ernährung

Ein Igelbaby wird mit Ersatzmilch aufgezogen.

gefügt werden, z. B. in Form von Kleie, Futterhaferflocken und gelegentlich gekochten, zerdrückten Karotten. Das im Zoofachhandel erhältliche Igeltrockenfutter ist wegen des hohen Kohlenhydratgehalts nur als Beimischung zu empfehlen, keinesfalls als Alleinfutter. Wichtig ist es, den Igel nicht einseitig zu ernähren, damit Mangelerscheinungen vermieden werden. Zusätzliche Vitamin- oder Mineralstoffgaben sind erfahrungsgemäß selten und dann nur nach tierärztlicher Verordnung sinnvoll.
Mehrmals pro Woche gibt man zusätzlich gekochtes, enthäutetes Hühnerklein mitsamt den Knochen. Das Knabbern an harter Nahrung beschäftigt den Igel und beugt außerdem der Bildung von Zahnstein vor. Milchprodukte aller Art sowie Speisereste, Kuchen, Kekse und Schokolade gehören nicht auf den Speisezettel des Igels, ebenso wenig Obst und Gemüse. Vitamin C können Igel – anders als Menschen – in ihrem Körper selbst herstellen. Eine Zufuhr von außen ist daher nicht nötig.
Zu trinken gibt man Igeln nur Wasser! Milch verursacht Durchfall und in der Folge Darmentzündungen, die manchmal sogar tödlich enden. Der Grund: Igel können Milchzucker (Lactose) nicht verdauen.
Übrigens: Es ist ein Irrtum anzunehmen, Tiere wüßten instinktiv, welche bzw. wieviel Nahrung ihnen bekommt.

Nahrungsmenge und Gewichtszunahme
Gefüttert wird in der Regel nur einmal täglich, und zwar abends. Im Laufe der Nacht erscheint der Igel mehrmals an seinem Napf und nimmt die Nahrung in kleinen Portionen zu sich.

TIP: Als Anhaltspunkt: Ein 500 g schwerer Igel benötigt pro Tag etwa 150 kcal (630 kJ).

Die Nahrungsmenge ist von Igel zu Igel unterschiedlich. Sie hängt von Alter, Körpergewicht und Gesundheitszustand ab. Maßgebend ist die Gewichtszunahme. Anfangs wiegt man den Igel täglich, später nur noch wöchentlich. Wenn man ihn auf dem Rücken in die Waagschale legt und ihn anpustet, wird er sich einrollen und stillhalten. Ein abgemagertes Tier mit Nachholbedarf kann anfangs täglich 15 – 20 g oder mehr zunehmen, später sollten es 8 – 12 g pro Tag sein.
Das Igelmenü und das Trinkwasser serviert man in flachen, schweren, kippsicheren Glas-, Porzellan- oder Tonnäpfen (z. B. glasierte Keramik-Blumenun-

BEISPIELE FÜR IGELFUTTER-REZEPTE (jeweils ca. 150–160 kcal bzw. 630–670 kJ)

Grundnahrung	Ballaststoff	Zugabe
100 g Katzendosenfutter[1]	2 EL (20 g) Futterhaferflocken	
80 g Katzendosenfutter[1]	2 EL (20 g) Igeltrockenfutter	
100 g Geflügelfleisch o. Kn.	1 EL (5 g) Weizenkleie	evtl. 1 EL Wasser
100 g Geflügelfleisch o. Kn.	2 EL (50 g) gekochte Karotten	
80 g Geflügelfleisch o. Kn.	1 EL (10 g) Igeltrockenfutter	evtl. 1/2 EL Wasser
60 g Rinderhack[2]	1 EL (10 g) Futterhaferflocken	
30 g Rinderhack[2] + 1 kl. Ei[2]	1 EL (5 g) Weizenkleie	
60 g Rührei[2] (1 mittelgr. Ei)	2 EL (20 g) Igeltrockenfutter	evtl. 1 EL Wasser

[1] Sorten mit hohem Eiweiß- und Fettgehalt wählen!
[2] Rinderhack und Rührei jeweils mit wenig Fett in der Pfanne anbraten.

tersetzer). Nahrungsreste wirft man morgens weg und spült die Näpfe heiß aus.

Nahrungsverweigerung – Zwangsfütterung

Ist der Igel so krank oder schwach, daß er die selbständige Nahrungsaufnahme verweigert, muß er zwangsgefüttert werden. Dazu legt man ihn mit dem Rücken in die linke Hand und füttert ihn - damit er sich nicht verschluckt - in leicht sitzender Stellung, und zwar mit einer Einwegspritze, die man seitlich in sein Mäulchen steckt. Anfangs wird man den Futterbrei mit Wasser oder besser noch mit ungesüßtem Fencheltee dünnflüssig anrühren. Wenn das Tier gut schluckt, reduziert man die Flüssigkeitszugabe.

Zur Zwangsfütterung bieten sich eiweißreiche Diätnahrungsmittel für Katzen und Hunde an, etwa „Hill's Prescription diet Canine a/d Feline" oder „Concentration Instant diet feline" bzw. „canine" von Waltham®. Sie sind beim Tierarzt erhältlich. Übergangsweise kann man auch eine laktosearme, gebrauchsfertige Katzenmilch (z. B. von Whiskas®) füttern. Vier- bis fünfmal täglich verabreicht man Portionen von 10-30 ml, je nach Größe des Tieres. Zusätzlich bietet man dem Igel im Gehege normales Futter an, damit er Gelegenheit hat, so bald wie möglich selbständig zu fressen.

Unerläßlich: die Gewichtskontrolle

Weiß bestachelt: Igelbaby, 24 Stunden alt

Nach 7 Tagen hat es schon einzelne dunkle Stacheln.

KRANKHEITEN

Krankheitsanzeichen

Außer den schon genannten Krankheitsanzeichen – Magerkeit, Apathie, schwankender Gang, eingefallene Augen, Nahrungsverweigerung, Wunden, Brüche – gibt es noch eine Reihe weiterer Symptome, die eine tierärztliche Behandlung des Igels erfordern. Dazu gehören röchelnde Atmung, Husten, grüner, schleimiger, stinkender, mit Blut durchsetzter Kot, Durchfall, Lähmungen, schorfige Beläge auf der Haut, Abszesse, erheblicher Stachelausfall, Krämpfe, blasse Schleimhäute, geschwollene Beine.

Außenparasiten

Verhältnismäßig einfach zu identifizieren und zu entfernen sind Fliegeneier und -maden sowie Flöhe und größere Zecken (siehe S. 46). Schwieriger wird es schon bei den sogenannten „Babyzecken", die zu Hunderten auf einem Igel parasitieren können. Sie alle einzeln mit der Pinzette abzusammeln, bedeutet für den Igel massiven Streß. Besser greift man zu Medikamenten, die, auf die Haut getropft oder gesprüht, die Zecken absterben lassen. Sieht die Igelhaut „staubig", schuppig oder wie eingepudert aus, liegt vermutlich ein Milbenbefall vor. Borkige Beläge lassen ebenfalls auf Milben, oft aber auch auf eine Pilzerkrankung schließen.

Innenparasiten

Sie sind eine der Hauptkrankheitsursachen bei Igeln. Ein geringer Befall mit Innenparasiten ist bei Wildtieren normal. Ein Massenbefall jedoch kann zum Tod führen und muß daher unbedingt behandelt werden. Zu den Innenparasiten zählen Lungenhaar- und Lungenwürmer sowie Darmhaar- und Darmsaugwürmer. Auch Kokzidien und Bandwürmer gehören in diese Kategorie. Bei Bandwurmbefall finden sich einzelne Bandwurmglieder im Igelkot. Sie sehen aus wie kleine Reiskörnchen. Die Larven bzw. Eier der anderen Innenparasiten lassen sich nur unter dem Mikroskop nachweisen.

Bakterielle Infektionen und Pilzerkrankungen

Bei Igeln nehmen in jüngster Zeit Infektionen mit Bakterien wie z.B. Salmonellen, E. coli, Streptokokken, Staphylokokken, Proteus oder Pseudomonas deutlich zu. Auch Pilzerkrankungen des Magendarmtrakts sind häufiger als noch vor einigen Jahren. Ohne tierärztliche Hilfe haben Igel, die an diesen Krankheiten leiden, keine Überlebenschance.

Die Kotuntersuchung

Nur Fachleute, die in der Igelpflege sehr erfahren sind, können in einigen Fällen anhand der Symptome ohne weitergehende Untersuchungen die entsprechende Krankheit diagnostizieren. Manchmal erfordert

der Zustand des Tieres schnelles Handeln, d.h. die unverzügliche Verabreichung eines Medikaments. Eine gezielte Behandlung ist in der Regel der prophylaktischen vorzuziehen, damit der Igel nicht unnötig mit Arzneien traktiert wird, deren Nebenwirkungen auf seinen Organismus noch gar nicht erforscht sind. Ziel jeder Behandlung muß es sein, das Wildtier Igel zur Wiedereingliederung in die Natur zu befähigen!
Bei der qualitativen und quantitativen Diagnose von Innenparasiten, bakteriellen Infektionen und Pilzerkrankungen (Mykosen) steht die Kotuntersuchung an erster Stelle. Man sammelt den Kot des erkrankten Tieres mindestens über zwei Tage hinweg und füllt ihn in ein fest verschließbares Gefäß, z.B. ein Filmdöschen. Den Kot schickt man mit einem kurzen Begleitschreiben an ein tierärztliches Untersuchungsamt. Auch viele Tierärzte und manche Igelstationen führen Kotuntersuchungen durch.

HINWEIS: Hautpilze und bakterielle Infektionen können auf den Menschen übertragen werden. Beachten Sie daher beim Umgang mit einem kranken Igel die Grundregeln der Hygiene! Waschen Sie sich nach jedem Kontakt gründlich die Hände oder tragen Sie Einweghandschuhe!

Zur fachgerechten Aufzucht gehört viel Geduld!

AUFZUCHT VERWAISTER IGELSÄUGLINGE

Unterbringung

Igelsäuglinge können ihre Körpertemperatur noch nicht selbst kontrollieren; sie brauchen daher ständige Wärmezufuhr. Als Igelnest eignet sich ein Karton, der etwas größer ist als eine Gummiwärmflasche. Man füllt sie (kein Heizkissen – Überhitzungsgefahr!) mit gut handwarmem Wasser und legt ein zweimal gefaltetes Handtuch sowie einige Blätter Küchenpapier darüber. Darauf setzt man die Igelbabys und deckt sie mit einem weiteren Handtuch zu. Den verbleibenden Platz legt man mit so viel Lagen Zeitungspapier aus, daß kein Absatz zu der Wärmflasche entsteht. Bei Bedarf können die Igelbabys in diesen kühleren Bereich kriechen. Nach jeder Fütterung erneuert man beschmutztes Küchenpapier und den Inhalt der Wärmflasche.

Altersbestimmung

Hierbei richtet man sich besser nach dem Aussehen und der Entwicklung der Igelbabys als nach ihrem Gewicht. Denn letzteres ist oft abhängig von Faktoren, die dem Pfleger unbekannt sind, wie z.B. der Größe des Wurfs, dem Alter und Gesundheitszustand der Mut-

ALTERSBESTIMMUNG BEI IGELSÄUGLINGEN

Alter	Hautfarbe	Stacheln	Fell	Augen/Ohren	Zähne	Gewicht (g
Geburt	rosa	weiß	ohne	geschlossen	keine	12–25
1 Woche	rosa	einzelne dunkle	ohne	geschlossen	keine	30–50
2 Wochen	grau	dunkel	etwas Flaum	öffnen sich	keine	60–80
3 Wochen	grau	dunkel	vorhanden	offen	stoßen durch	100–130
4 Wochen	grau	dunkel	dicht	offen	vollzählig	140–180

ter oder der Zeitspanne, in der die Säuglinge hungerten. Eine Hilfe zur Altersbestimmung bietet die obige Tabelle.

Markieren und Wiegen
Um Igelbabys unterscheiden zu können, markiert man sie an jeweils verschiedenen Stellen des Stachelkleids mit einem kleinen Tupfer Nagellack oder flüssigem Tipp-Ex. Jeder Igel wird - möglichst auf einer Digital-Briefwaage - täglich zur gleichen Zeit, am besten morgens vor der ersten Fütterung, gewogen. Das Gewicht wird im Pflegebericht notiert.

Ungeziefer?
Flöhe, Zecken, Fliegeneier und -maden sammelt man mit der Pinzette sorgfältig ab. Auf keinen Fall dürfen Insektizide angewendet oder die Babys gebadet werden.

Fütterung und Gewichtszunahme
Der Kernpunkt bei der Ernährung verwaister Igelsäuglinge ist die Wahl der richtigen Ersatzmilch. Igelmuttermilch weist einen erheblich höheren Anteil an Eiweiß und Fett auf als z. B. menschliche Muttermilch oder Kuhmilch. Der Gehalt an Milchzucker (Lactose) dagegen ist in der Muttermilch von Wildtieren generell geringer als in der von Menschen oder Haustieren. Da käufliche Ersatzmilchprodukte nicht für Igel konzipiert sind, enthalten sie fast immer mehr Milchzucker, als Igelbabys vertragen. Im Laufe der Säugezeit scheint der Bedarf an Eiweiß und Fett noch zu steigen. Bislang scheiterten jedoch Versuche, die für Igelbabys geeignete Ersatzmilch Esbilac® entsprechend damit anzureichern - die Igel reagierten mit Unverträglichkeit.
Damit auf Dauer keine Mangelerscheinungen durch eine Eiweiß- und Fettunterversorgung entstehen, ist es wichtig, die Säuglinge möglichst früh - etwa im Alter von drei Wochen - an eine selbständige Nahrungsaufnahme zu gewöhnen.
Bei der Aufzucht verwaister Igelbabys werden die besten Ergebnisse mit Esbilac®, einer Hundewelpenmilch der Firma Albrecht (Aulendorf), erzielt. Das Präparat ist nur beim Tierarzt erhältlich.
Man füllt 2 EL lauwarmen, ungesüßten Fencheltee in ein kleines Schraubglas, gibt 1 gestrichenen EL Esbilac® und täglich einmal für alle Igelchen einen Tropfen

Vitamin-B-Komplex hinzu und schüttelt die Mischung, bis sich das Pulver auflöst. Ist Esbilac® nicht sofort zur Hand, versorgt man wenige Tage alte Säuglinge übergangsweise (möglichst nicht länger als einen Tag) nur mit Fencheltee. Älteren Babys gibt man – stärker verdünnt – die Präparate, die auch für die Zwangsfütterung (siehe S. 51) verwendet werden.
Die Futtermenge pro Tag muß etwa 25 % des Körpergewichts betragen, die Tagesration sollte über 24 Stunden verteilt werden.

BEISPIEL: Ein 60 g schwerer Igel bekommt pro Tag ca. 15 ml Ersatzmilch. Auf 8 Mahlzeiten verteilt, ergibt das knapp 2 ml pro Mahlzeit.

Bis sich Augen und Ohren geöffnet haben, verabreicht man den Babys tagsüber sieben bis acht, nachts zwei Mahlzeiten. Später reduziert man die Anzahl der Mahlzeiten schrittweise und vergrößert dafür die Portionen. Wiegen die Säuglinge ungefähr 100 g, bekommen sie nur noch fünf Mahlzeiten. Maßgebend für die Futtermenge ist wieder die Gewichtszunahme der Igelbabys: Tiere bis zu einem Gewicht von 100 g sollen täglich 4–7 g zunehmen, danach bis zu 10 g pro Tag.

Wie wird ein Igelbaby gefüttert?

Bereits zur Fütterung kleinster Igel verwendet man 2-ml-Einwegspritzen, auf deren Konus man ein kleines Stück Fahrrad-Ventilschlauch als Ersatzzitze stülpt. Pipetten und Puppenmilchflaschen eignen sich nicht! Man legt den Igelsäugling auf den Rücken in die linke Hand und hält ihn mit dem Daumen fest. Tritt er mit den Vorderfüßchen dagegen, führt er den „Milchtritt" aus, der sonst gegen das Gesäuge der Igelmutter gerichtet ist und den Milchfluß anregt.

Toiletting

So umschreibt man vornehm das Gegenteil vom Füttern. Igelbabys sind erst dann in der Lage, allein Urin und Kot abzusetzen, wenn sie auch selbständig fressen. In der Zeit davor beleckt die Igelmutter Bäuchlein und Geschlechtsteile der Jungen mit der Zunge und nimmt dabei die Ausscheidungen auf. So hält sie das Nest sauber. Vor und/oder nach jeder Mahlzeit massiert man also mit dem angefeuchteten Finger oder einem Wattestäbchen Bauch und Aftergegend, bis sich Erfolg einstellt. Oft ist da Geduld gefragt! Gesunder Babykot besteht aus grünen, aneinanderklebenden Knöllchen. Finden sich Kot und Urin im Nest, bedeutet das: Die Babys „müssen" dringend!

Körperpflege

Nahrungsreste, Kot und Urin reizen die zarte Haut der Igelbabys. Vor und nach jedem Toiletting reibt man daher die Haut, vor allem in der Aftergegend, mit etwas Baby-Öl ein (auf keinen Fall Salben oder Puder verwenden!). Verunreinigungen tupft man mit einem angefeuchteten weichen Läppchen ab.

Igelbabys sind wahre Leichtgewichte.

Winterschlafhaus aus zwei Kartons: Doppelt gemoppelt wärmt besser!

Der Weg zur Selbständigkeit

Etwa vom 19. Lebenstag an beginnen die Säuglinge allmählich, selbständig Ersatzmilch aus einem flachen Schälchen (Deckel eines Joghurtglases o.ä.) zu schlabbern. In den folgenden Tagen mischt man winzige Mengen sehr fein gemahlenes Rinderhack (nur ganz frisches Tatar – Salmonellengefahr!) oder Rührei darunter. Anfangs bleibt der „Bodensatz" noch übrig, wird aber nach einiger Zeit mitgefressen. Man steigert den Anteil der „Feststoffe" allmählich und reduziert die Menge der nun dünner angerührten Ersatzmilch. Im Alter von etwa 30 Tagen sollte die Umstellung auf normale, wenn auch stark zerkleinerte Erwachsenenkost vollzogen sein. Zu trinken gibt man den Igeljungen dann nur noch Wasser. Große Würfe teilt man jetzt in kleine Gruppen und bringt sie getrennt unter. Man stellt den Igeln so viele Futterschüsseln hin, daß alle gleichzeitig fressen können. Haben sie ein Gewicht von etwa 250 g erreicht, bringt man die Kleinen für ungefähr 14 Tage in einem nicht zu kleinen Freigehege (siehe Abb. S. 58) unter, ehe man sie auswildert. Dort müssen sie nicht nur ihre Muskeln trainieren, sondern auch lernen, Käfer zu jagen und Würmer auszugraben. Im Gehege wird wie gewohnt weitergefüttert, denn die Kleintiere darin reichen nicht aus, um die Igel zu sättigen.

Probleme bei der Aufzucht
Wenn Probleme wie Blähungen, wunder After, Verstopfung oder Durchfall auftreten, sollte ein igelerfahrener Tierarzt oder eine der auf S. 60 genannten Adressen befragt werden.

WICHTIG: Auf eine prophylaktische Behandlung von Innenparasiten ist bei Igelsäuglingen unbedingt zu verzichten! Erst wenn sich die Stadien der Parasiten im Kot nachweisen lassen, ist eine Entwurmung wirksam und sinnvoll!

DER WINTERSCHLAF

Erreicht ein in menschliche Pflege genommener Jungigel sein Winterschlafgewicht erst kurz vor Wintereinbruch oder sogar erst danach, ist es zu spät, um ihn noch auszusetzen. Aber auch dann sollte er Gelegenheit zum Winterschlaf bekommen.

Das Winterschlafgewicht
In der Natur haben Jungigel mit einem Winterschlafgewicht von mindestens 500 g gute Chancen, das kommende Frühjahr zu erleben. In Gefangenschaft wird man ein etwas höheres Gewicht anstreben, und zwar etwa 600-700 g, es sei denn, der gesundete (!) Igel zeigt vorher seine Winterschlafbereitschaft, indem er nichts mehr frißt und den Eingang seines Schlafhauses zustopft.
Zu Beginn des Winterschlafs nimmt der Igel täglich bis zu 4 g, später nur noch 1-2 g pro Tag ab.

Unterbringung während des Winterschlafs
Der geeignete Ort für den Winterschlaf ist ein kaltes Zimmer, besser noch der Balkon, die Terrasse oder ein Gartenhäuschen. Man kann dem Igel auch ein Freigehege bauen. Kellerräume sind meist zu warm. Die Umgebungstemperatur sollte etwa der Außentemperatur entsprechen und 6 °C möglichst nicht übersteigen. Bei höheren Temperaturen fällt der Igel in einen kräftezehrenden Dämmerschlaf, in dem er weder fressen noch winterschlafen kann und daher sehr rasch an Gewicht verliert.
Um ein Winterschlafhaus zu bauen, setzt man das bisher benutzte Schlafhäuschen in einen größeren Karton, besser noch in ein Holzhäuschen mit einer Kantenlänge von etwa 40 cm (siehe Abb. S. 56). Vergessen Sie nicht, in dem Überhaus ein deckungsgleiches Schlupfloch anzulegen. Die Zwischenräume isoliert man rundum mit reichlich zusammengeknülltem Zeitungspapier.

Überwachung des Winterschlafs
Wenn der Igel sein Winterquartier bezogen hat, füttert man ihn noch so lange wie gewohnt weiter, bis er das Futter nicht mehr anrührt. Bis dahin können einige Tage, manchmal sogar zwei bis drei Wochen vergehen.

TIP: Will ein gesunder, wohlgenährter Igel partout nicht schlafen, entziehen Sie ihm für drei Tage jegliches Futter! Nahrungsmangel ist ein wichtiger Auslöser für den Winterschlaf.

Wenn sich der Igel endgültig zurückgezogen hat, befestigt man ein Blatt Toilettenpapier mit Klebestreifen vor dem Schlupfloch. So ist bei der täglichen (!) Kontrolle auf einen Blick zu sehen, ob das Tier wieder aufgewacht ist und nachts sein Häuschen verlassen hat. Als „Notration" stellt man Schälchen mit Igeltrockenfutter und Wasser in das Gehege.

Vor der Auswilderung: Training im Freigehege

Bei steigenden Temperaturen kann es zu einer Unterbrechung des Winterschlafs kommen. Dann füttert man dem Igel vorübergehend die normale, eiweißreiche Nahrung.

Nach dem Winterschlaf

Ende März bis Ende April erwacht der Igel aus dem Winterschlaf. Er kann dann noch nicht sofort ausgesetzt werden, denn er hat stark an Gewicht verloren und muß erst wieder zu Kräften kommen. In der Natur würde er vorläufig nur ein spärliches Nahrungsangebot vorfinden. Draußen hat er auch kein Winterschlafnest, in das er sich bei nochmaligen Frosteinbrüchen zurückziehen könnte.

DIE AUSWILDERUNG

Vorbereitung

Ein Freigehege dient vor allem als zeitweiliges „Trainingslager". Handaufgezogene Säuglinge und viele Jungigel haben, bevor sie in menschliche Obhut kamen, noch nie selbst Futter gesucht. Obendrein sind bei den Igeln, die längere Zeit auf relativ kleinem Raum eingesperrt waren, die Muskeln, die sie zu ausgedehnten Beutezügen befähigen, untrainiert.
Ist der eigene Garten als Auswilderungsort für den gesund gepflegten Igel vorgesehen, kann er nach Öffnen oder Abbau des Geheges langsam abwandern. Schlaf- und Futterhaus beläßt man noch eine Weile an Ort und Stelle; oft kehren die Stacheltiere noch Tage oder Wochen zum Schlafen oder Fressen an ihren gewohnten Platz zurück.

Bau eines Freigeheges

Als Standort für das Gehege wählt man einen mit Gras bewachsenen Platz, der teilweise durch Bäume oder hohe Sträucher beschattet ist. Auch in dem Gehege selbst sollten einige Büsche stehen.
Pro Igel muß man eine Gehegefläche von mindestens 4 m^2 veranschlagen – ein Gehege kann aber nie groß genug sein! Für den Zaun lassen sich Holzbretter, Palisadenhölzer oder feiner Maschen-(Kaninchen-)draht verwenden. Er sollte mindestens 50 cm hoch sein und – um Ausbruchsversuche zu vereiteln – etwa 15 cm in den Boden eingegraben werden. Einen Drahtzaun schließt man – wegen der Kletterkünstler unter den Igeln – oben mit einem waagrecht auf die Zaunpfosten genagelten, nach innen ragenden Brett ab.
Das Gehege versieht man mit einem regendichten, gut isolierten und mit Hafer-

stroh gefüllten Schlafhaus und einem Futterhaus (siehe S. 37).

Voraussetzungen zur Auswilderung

Auswilderungsfähig sind gesunde Igel mit gutem Appetit und normalem Kot. Jungigel sollten nicht weniger als 700 g wiegen. Ein nur kurze Zeit in Pflege genommener, selbständiger Igel kann mit einem geringeren Gewicht in die Freiheit entlassen werden. Vor dem Auswildern schneidet man dem Igel die Krallen und entfernt eine eventuelle „Futterkruste" von der Nase.

Zeitpunkt der Auswilderung

Für Igel, die in menschlicher Obhut überwintert haben, ist die Zeit zum Auswildern gekommen, wenn im Frühjahr Sträucher, Hecken und Bäume ergrünt und die Nahrungstiere der Igel wieder vorhanden sind. Die Außentemperaturen sollten anhaltend mild sein; jedoch wird ein gesunder, wohlgenährter Igel auch zwei oder drei kühlere Nächte ohne Schaden überstehen. Im Flachland können Igel oft schon Mitte bis Ende April ausgesetzt werden, in den Mittelgebirgen besser erst Anfang bis Mitte Mai, spätestens jedoch nach den Eisheiligen.

Wo auswildern?

Der beste Auswilderungsplatz ist der Fundort. In der Regel ist das Gebiet, in dem der Igel aufgegriffen wurde, ein igeltauglicher Lebensraum. Zudem haben Igel ein ausgezeichnetes Ortsgedächtnis; sie sind gegenüber ihren freilebenden Artgenossen im Nachteil, wenn sie sich in fremdem Gelände neu orientieren müssen. Droht dem Igel am Fundort jedoch unmittelbare Gefahr – etwa durch eine Baustelle oder eine stark befahrene Straße –, sucht man einen neuen Lebensraum.
Im Auswilderungsgelände sollen Deckung und Nahrung vorhanden sein. In Frage kommen vor allem durchgrünte Siedlungsrandbereiche mit älterem Busch- und Baumbestand. Vielleicht kennen Sie auch einen mit Sträuchern untersetzten Waldrand oder einen Bauernhof mit alten Schuppen, Obstbäumen, wilden Gärten und einem Bach in der Nähe.

Wie auswildern?

Man bringt den Igel abends an den Fundort oder in den ausgekundschafteten neuen Lebensraum. An einer geschützten Stelle in einer Hecke oder unter Gebüsch bereitet man ihm ein Heunest (Heu fällt in der Landschaft weniger auf als Stroh!) und legt noch etwas Futter aus.
Zahlreiche Beobachtungen haben ergeben, daß sich fachgerecht aufgezogene und gesund gepflegte Igel gut in der Natur zurechtfinden.

Der ausgewilderte Igel ist wieder auf sich gestellt.

LITERATUR

Bücher:
Bandini, D., Bandini, G.: Das Igel-Buch. dtv, München 2001.
Bruns, S., Stammer, J.: Was Großvater noch wusste. Kosmos, Stuttgart 1996.
Forschungsgruppe Igel Berlin: Ergebnisse von Freilandbeobachtungen sowie von parasitolog. u. bakteriolog. Untersuchungen bei in menschl. Obhut überwinterten juvenilen Igeln. Pro Igel e.V., Lindau/B. 1999.
Graber, C., Suter, H.: Schneckenbekämpfung einfach und dauerhaft. Kosmos, Stuttgart 1999.
Kreuter, M.-L.: Der Biogarten. blv München 2000.
Neumeier, M.: Das Igel-Praxisbuch. Kosmos, Stuttgart 2001.
Pro Igel e.V. (Hrsg.): Sonderband 10 Jahre Igel-Bulletin. Pro Igel e.V., Lindau/B. 1999.
Reeve, N.J., Sander, J. W., Schwarze, A.: Igel. Neue Brehm-Bücherei Bd. 71, Westarp-Wissenschaften-Verlagsges., Hohenwarsleben 2002.
Schicht-Tinbergen, M.: Der Igel-Patient. Fischer, Jena 1995.
Struck, S., Meyer, H.: Die Ernährung des Igels. Schlüter, Hannover 1998.

Zeitschrift:
Igel-Bulletin: Kostenlose, halbjährlich erscheinende Zeitschrift des Vereins Pro Igel e.V. (s. Adressen)

„IGEL-HOTLINE“:

Ansagedienst bzw. Faxabruf rund um die Uhr für jahreszeitlich abgestimmte Informationen über Igel

Deutschland:
Tel.: +49 (0) 8382/3021 u. 6023
Faxabruf: +49 (0) 8382/3022

Schweiz:
Tel.: +41 (0) 1/7682075

BEZUG VON IGELHÄUSERN

„Sassener Igelhaus“
Werkstätten der Lebensgemeinschaft e.V.
D-36110 Schlitz-Sassen

„Gartentreff – Igelhaus“
Gartentreff W. Hans
Hubertusstr. 22
D-56154 Boppard

WICHTIGE ADRESSEN:

Überregionale Vereine:
Pro Igel e.V.
Lilienweg 22
D-24536 Neumünster
Tel.: +49 (0) 4321/31856
Fax: +49 (0) 4321/939479
E-Mail: pro_igel@t-online.de
Internet: www. Pro-Igel.de

Pro Igel
Postfach 77
CH-8932 Mettmenstetten
Fax: +41 (0) 1/7670811
Internet: **www.Pro-Igel.ch**

Igelfreunde Österreichs
Sonnenweg 5
A-5300 Hallwang
Tel.: +43 (0) 662/663125

Regionale Vereine:
Igelfreunde Sachsen-Anhalt e.V. (ISA)
und
Rheinisch-Westfälische Igelfreunde e.V. (RWI)
Erich-Mühsam-Str. 7
D-06886 Lutherstadt-Wittenberg
Tel.: +49 (0) 3491/612776
Fax: +49 (0) 3491/612776

Arbeitskreis Igelschutz Berlin e.V. (AKI)
Berliner Str. 79 a
D-13467 Berlin
Tel.: +49 (0) 30/4049409
Fax: +49 (0) 30/40501372

Igel-Schutz-Initiative e.V. Hannover (IGSI)
Igelhaus
Ohestr. 12
D-30880 Laatzen
Tel.: +49 (0) 511/233161
Fax: +49 (0) 511/221774

Igelschutz-Interessengemeinschaft e.V.
Am Kohlenmeiler 180
D-42389 Wuppertal
Tel.: +49 (0) 202/603403
Fax: +49 (0) 202/2653173

Verein der Igelfreunde Stuttgart u.U. e.V.
Feuerbacher Weg 4
D-70192 Stuttgart
Tel.: +49 (0) 711/2567563
Fax: +49 (0) 711/2567600

REGISTER

Altersbestimmung 20, 53 f.
Altersstruktur 20
Artenschutz 26 f.
Aufzucht, Probleme 57
–, von Igelsäuglingen 53 ff.
Augen 15
Auswilderung 58 f.
Außenparasiten 52
– entfernen 46 f.

Baumstumpf 31
Baumwurzeln 30
Beerennetz 39 f.
Beetrolli 33
Blumenwiese 28
Bodendecker 30
Braunbrustigel 10, 13
Buffon, von 5, 8
Bundesnaturschutzgesetz 42 f.
Busch, Wilhelm 8, 9

Cotoneaster 30

Dachs 14
Drahtrolle 41
Dünger, biologischer 29

Entwicklungsgeschichte 10
Ernährung 49 ff.
Ersatzmilch 54
Erstversorgung 45 ff.

Fallen, Mäuse- 40
Feinde, natürliche 14
Fett, braunes 22
–, weißes 22
Feuer 38, 41
Fliegeneier 46, 54
Fliegenmaden 46, 54
Flurbereinigung 12
Fortpflanzung 18 ff.
Freigehege 56, 58 f.
Fütterung 54 f.
Futterbruttoenergie 37
Futterhaus, katzensicheres 37, 39
–, Obstkisten- 37
Futterrezepte 51

Gartenabfälle 30
Gartenhäuschen 31
Gartenmauer 27
Gartenteich 36 f., 40
Gebiß 16
Geburt 19
Gefährdung 12 ff.
Gefahren 38, 40 f.
Geschlechtsbestimmung 18, 45
Geschlechtsorgane 18
Geschmackssinn 15
Gewicht 15
Gewichtskontrolle 51
Gewichtszunahme 50, 54
Giftköder 41
Grasschnitt 30
Größe 15

Haferstroh 31
Hecke 27, 30
–, Benjes- 27
Herbizide 41
Holzhaus 33 f.
Holzstapel 31
–, Unterbau 33 f.
Hühnerleiter 40 f.
Hühnerstall 31
Hund 14, 41
Hundebiß 44
Hundsigel 4
Hungerfalte 44, 47
Hygiene 39, 53

Igel baden 47
Igel, bei Frost/Schnee unterwegs 44 f.
Igel, gesunde 47
Igel, hilfsbedürftige 42 ff.
Igel, kranke 44, 47
Igel, Pflege 42 ff.
Igel, verletzte 43 f.
Igeldarstellungen 9
Igelflöhe 46, 54
Igelgehege 49
–, mit Schlafhaus 48
Igeljahr 21
Igelsäuglinge, verwaiste 42 f.
– Aufzucht 53 ff.
Igelstation 48
Iltis 14
Infektionen, bakterielle 52 f.
Innenparasiten 44, 52
Insektizide 28, 41

Jacobsonsches Organ 16
Jägerzaun 27
Jungenaufzucht 19 f.

Kaninchenstall 31
Katze 14
Kellertreppe 40
Körperpflege 55
Komposter 31, 33
Komposterde 29
Komposthaufen 30 f.
Kotuntersuchung 52 f.
Krankheiten 52 f.
Krankheitsanzeichen 52
Kunstdünger 41

Lactose 8, 50, 54
Lattenzaun 26 f.
Laub 29
Laubsauger 41
Laufkäfer 14, 37
–, Larven 14, 37
Lautäußerungen 16
Lebensraum 12 ff.
Lesesteinwall 27
Lichtschacht 40

Macrocranion tenerum 12
Mähen 28
Mahlzeit, erste 47 f.
Marder 14
Maschendraht 27
Mecki 4, 9
Methoden, biologische 29
Milchtritt 55
Milchzähne 16
Milchzucker 8, 50, 54
Monokultur 11, 13

Nahrung 14 f., 37
Nahrungsmenge 50
Nahrungstiere 37
Nase 15
Naturgarten 24 ff.
Naturschutz 25 ff.
Nistmaterial 31 f.

Ohren 15
Ohrwürmer 14, 37
Orientierung 17

Paarung 8, 18
Parkanlagen 30
Pestizide 41
Pflanzen, einheimische 28
Pflegebericht 45, 54, 63
Pilzerkrankungen 52
Plastikfolie 41

Rasenmäher 41
Regenwürmer 14 f., 37
Reisighaufen 33
– mit Plane 32 f.
Rindenmulch 27
Rotfuchs 14
Roth, Eugen 4, 9, 10, 25, 42

Schlafhaus 49
Schmetterlingslarven 14, 37
Schneckenkorn 41
Schweinsigel 4
Selbstbespeicheln 16
Sinnesorgane 15
Sommernest 22
Stachelkleid 17
Steinhaufen 30 f.
Steinhaus 34
Sterblichkeit 20
Strohhalmprobe 34 f.

Tastsinn 15
Tellersense 41
Tierschutzgesetz 43
Toiletting 55
Totholzhaufen 30
Trockenmauer 27

Uhu 10, 14 f.
Unkraut 29
Unterbringung 53
–, provisorische 47
–, richtige 48 f.
Unterkühlung 46, 48

Unterschlüpfe, aus Holz 33 f.
–, aus Steinen 34 f.
–, natürliche 30 ff.
–, selbstgebaute 32 ff.
Urzeitigel 10, 12

Verinselung 13
Verletzungen 45 f.
Vibrationssinn 15
Vogelbad 36

Wasserstellen 35 ff.

Weidenkorb 33
Wiegen 54
Wildschwein 14
Winterschlaf 21 f., 57 f.
Winterschlafgewicht 57
Winterschlafhaus 56 f.
Winterschlafnest 22 f., 32

Zecken 46 f., 54
Zufütterung 37 ff., 42
Zwangsfütterung 51

IMPRESSUM

Umschlaggestaltung von eStudio Calamar, Pau (Spanien), unter Verwendung von vier Igelaufnahmen von Reinhard-Tierfoto.

Mit 87 Farbfotos, 12 Farb- und 7 Schwarzweißillustrationen.

Die Deutsche Bibliothek – CIP-Einheitsaufnahme
Ein Titelsatz für diese Publikation ist bei der Deutschen Bibliothek erhältlich

Gedruckt auf chlorfrei gebleichtem Papier.

ISBN 3-440-09507-X
Lektorat: Anne-Kathrin Janetzky, Angelika Holdau
Grundlayout: Atelier Reichert, Stuttgart
Gestaltung: Gisela Dürr, München
Satz: ad hoc! Typographie, Ostfildern
Printed in Italy/Imprimé en Italie
Druck und Buchbinder: Printer Trento S. r. l., Trento

BILDNACHWEIS

Farbfotos von M. Danegger (S. 1 r, 2 u, 10 ol, or, 11 ul, 14 ol, 16 or, 19 ur, 20, 25 ur, 41), J. Diedrich (S. 13 ur, 24 kleines Bild), Bildagentur IPO (S. 1 M, 16 ol, 19 or, 26 r, 27 ul, ur, 36 o, u, 42 or, 43 l, 46, 47 o, u, 49, 52 o, u), M. Jeiter (S. 5 or), D. Lambert (S. 44 r), A. Limbrunner (S. 11 o, 15 o, 22 l, 23, 25 ol, 26 l), B. Maier (S. 45, 48 l), W. Müglich (S. 1 l, 33 u, 38 l, r, 39, 40 r, 48 r), M. Neumeier (S. 34, 37, 42 Mr, 43 r, 44 l, 50, 51, 55, 58), D. Nill (S. 15 u), E. Pforr (S. 29 r), M. Pforr (S. 17 r, 27 o, 30 r, 40 l, 53, 59), Bildarchiv Preußischer Kulturbesitz (S. 5 u), H. Reinhard (Klappe außen, innen, S. 2 o, 12 o, M, 13 l, 14 or, 17 l, 19 ol, 22 r, 24 großes Bild, 29 l, 30 l, 31 r, 32, 33 o, 42 l), N. Reinhard (S. 31 l), J. Vogt (S. 7, 11 ur, 36 Ml).
Farbillustrationen mit frdl. Genehmigung von F. u. H. Diehl und Hörzu (S. 4), aus B. Potter, The Tale of Mrs. Tiggy-Winkle, © Frederick Warne & Co., 1905, 1987 (S. 9), von M. Neumeier (S. 20, 21 r) und J.-Chr. Rost (S. 18, 21 l, 23, 28, 34, 35, 37, 46/47, 56).
Schwarzweißillustrationen von J. Borer (S. 6/7; veröffentlicht in der SZ vom 11./12.3.95), aus v. Buffon, Naturgeschichte der vierfüßigen Thiere (S. 5 ol), von W. Busch (S. 8), A. Helfricht (S. 12; aus Senckenbergiana lethaea 1993, 73; veröffentlicht in der FAZ vom 8.9.93) und Gustav Streich (S. 63).

Extra

PFLEGEBERICHT*

Igel-Nr. oder Name: ______________________________

Männchen oder Weibchen? ______________________________

Finder (Name und Adresse): ______________________________

______________________________ Telefon: ______________

Fundort: ______________________________

Funddatum und -uhrzeit: ______________________________

Grund der Aufnahme (Fundumstände, Zustand des Igels): ______________________________

____

Ausgewildert am: ______________ Aussetzort: ______________________________

Datum	Uhrzeit	Gewicht (g)	Medikamente Behandlungen	Bemerkungen

* Immer zum Tierarzt oder zur Igelstation mitnehmen!

Extra

THERAPIEHINWEISE FÜR DEN TIERARZT

(Injektionstechnik: Stachelhaut rechts oder links am Hinterkörper mit Pinzette fixieren, leicht abheben, in die sich bildende Falte subkutan parallel zur Körperoberfläche injizieren.)

Diagnose	Medikament	Dosierung
Endoparasiten:		
Lungenwurm (Crenosoma striatum)	Citarin L, 2,5 % (Bayer)	2 x im Abst. v. 48 Std. 0,75–1 ml/kg Kgw sc. (< 300 g Kgw = 1/2 Dosis)
Lungen- und Darmhaarwurm (Capillaria aerophila u. sp.)	Flubenol 5 % (Janssen)	5 Tage lang; oral Igel < 500 g Kgw: 1 g Pulver Igel > 500 g Kgw: 2 g Pulver
Darmsaugwurm (Brachylaemus) Bandwurm (Hymenolepis)	Droncit (Bayer)	einmalig oral Igel < 500 g Kgw: 1/4 Tabl. Igel > 500 g Kgw: 1/2 Tabl.
Kokzidien (Isospora)	Cotrim-Saft (Rathiopharm)	5 Tage, 5 Tage Pause, 5 Tage wdh. oral; 1 ml/kg Kgw
Bakterielle Infektionen:		
Infektionen des Magen-Darmtrakts (Salmonellen, E. coli usw.)	Baytril 2,5% (Bayer) Cotrim-Saft Duphamox LA (Solvay)	3–5 Tage sc. 0,5 ml/ kg Kgw 5 Tage oral, 1 ml/kg Kgw 3–5 x alle 48 Std. sc., 1 ml/kg Kgw
Aufbau der Darmflora	Lactobacillen-Präparate	10–14 Tage 1 Msp. oral
Infektionen der Lunge (Pneumonie, Bronchitis)	wie Infekt. Magen-Darm, Bisolvomycin (Boehringer)	wie Infekt. Magen-Darm 3 Tage sc. 1 ml/kg Kgw
Akute Atemnot	Clenbuterol (z.B. Planipart)	3 Tage sc. 0,5 ml/kg Kgw
Begleittherapie (Husten)	Bisolvon-Pulver (Boehringer)	2 Wochen tägl. 1 Msp. oral
Ektoparasiten: (Milben, Fliegenmaden Zecken-Massenbefall) **Hautpilz:**	Ivomec (MSD) + physiolog. NaCl-Lösung im Verh. 1:30 Imaverol-Bad (Janssen) (im Verh. 1:50 mit H_2O)	Lösung in Pumpsprayflasche füllen, einmalig einsprühen 2 x im Abstand von 10 Tagen
Wundsäuberung:	frisch: Vetisept (Albrecht) nekrotisch: H_2O_2	
Wundversorgung:	z. B. Cicatrex, Nekrolytan Ubrocelan	 bei Wundtaschen
Lähmungen:	Vitamin-B-Komplex	mehrf. 0,2–0,5 ml je n. Kgw
Exsikkose:	Elektrolyt-Lösungen Amynin (Merial)	5–20 ml/100 g Kgw pro Tag bis 2 ml/100 g Kgw pro Tag
Narkose	Ketamin kombiniert mit Xylacin	30–40 mg/kg Kgw sc. 2–3 (bis 6) mg/kg Kgw sc.

Achtung: Ivomec ist bei den Innenparasiten der Igel unwirksam, nach Telmin KH und Mebenvet 5 % treten oft Futterverweigerung und Durchfall auf!